房地产评估发展丛书

未登记私房整体评估探索与实践
——以深圳市为例

唐　琳　吴桂敏　周　亮　何耀彬　章芳林 ◎著

人民出版社

《房地产评估发展丛书》总序

柴 强

深圳市房地产评估发展中心立足于深圳这座改革之城，开放之城，创新之城，伴随着中国房地产业的发展，历经近30年的专业求索之路，已成长为中国富有特色的房地产评估与研究的专业机构，为深圳市、广东省乃至国家的房地产、城乡规划和国土资源事业的发展做出了突出贡献。本次受邀为其《房地产评估发展丛书》作序，深感欣慰与荣幸。

举凡以"丛书"之名刊印的研究成果，无论是自然科学的还是社会科学的，多是一定专业领域的新发现、新探索和新成果的知识集成，着重于通过不同维度、不同视角的科研工作，探析特定领域的本质规律，刻画专业知识的演进背景与过程，展现蕴含其中的理性精神与科学内核，激发人们从尽可能的深度和广度去思考人类社会的发展与变迁趋势。

房地产价格、价值等的评估与研究，是一个既古老又新兴的问题，与人们的生产生活息息相关。现存的岩画、石刻等史前遗迹和相关史料，都有关于人类祖先对洞穴、猎场和水源等不动产保护和分配的重要记录。市场和交易的出现，赋予了房地产评估发展的土壤。但在漫长的农业文明中，交易者更多依靠自身摸索的经验和继承的常识，来达成用以实现土地和房屋交易的价格。直到古典经济学派对价值理论的系统研究和讨论，并经奥地利学派，最终由新古典综合学派构建了市场均衡理论，才为房地产评估提供了理论支点，同时关于房地产交易行为、市场趋势和制度规则的研究也与房地产评估日益交融，密不可分。进入20世纪，以英美为代表的房地产行业制度逐步完善，专业领域不断细分，专业组织不断涌现，基于房地产评估理论的专业教育与培训得以发展，开启了评估实务的规范化与标准化，经过整整一代房地产评估研究者和评估师的杰出工作，于20世纪中叶形成了沿用至今的现代评估方法、程序等规范和标准的技术体系，并在后续的评估实务中，不断纳入新的分析方法和统计工具，不断丰富和完善了更为规范的理论基础。 近年来，随着计算机、网络信息和地理信息技术的发展，房地产评估领域不断融合新技术、新思想；随着房地产金融、资产及衍生品定价的理论研究和实务发展，不断拓展领域的边界，尤其是在企业并购、金融产品交易和财产税征收方面，房地产评估得到空前的重视与应用。

不能忽视的是，正因为房地产评估在社会经济发展中获得日益广泛的应用与凸显的重要性，长期以来伴随的批评更应予以关注和重视。尽管规范和标准的技术体系，极大提升了评估实务的效率，但也导致了从业人员沉溺于数学公式的形式和工具的机械运用，而不再热衷于对公式的理解和探求价值实质的无偏估计。进一步的危险还在于评估者与委托人之间固有的利益博弈中，呆板数学公式和程序化统计工具的存在，更易导致评估者忽视最新市场数据的应用，不再强调充分的市场数据搜集和确保数据质量的严肃性，而是更倾向于基于委托人的偏好进行机械的价值估计，估计偏差无法避免， 因而加剧了"道德风险"。

我国房地产估价行业发展的时间虽然较短，但非常迅速，并具有十分重要的作用。在前人探索的基础上，我们建立符合国情的评估技术体系具有一定的后发优势，但在这个过程中，如何避免上述提到的技术陷阱，则是要认真面对和深思的，尤其是在近年房地产业对国民经济和民众生活所产生重要影响的背景下，房地产市场调控与管理，房地产金融风险防范和房地产税制改革等方面，都对房地产评估产生了重要的需求，如何保证房地产评估的公允性，而不被相关行业利益渗透和绑架，显得十分重要。

令人欣慰的是，深圳市房地产评估发展中心在近年的实务工作和理论研究中，特别重视上述问题。该中心积多年的工作经验，以"评估"为核心，以"研究"为基础，以完全产权的市场商品房、政府和社会提供的保障性住房、用以土地整备的拆迁房屋、游离于市场之外的违法建设房屋作为房地产评估的四个纵向维度，并将房地产市场研究、住房保障规划、房地产法律制度设计、房屋地质环境安全、市政基础工程配套作为房地产研究的五个横向层级，相互耦合成一个全方位的用以评估与研究的整体"房地产标的"，同时进一步融合与整合了近年来深圳市在地理信息系统与住房信息平台建设方面的成果和资源，通过彼此间"地、房、人"的大数据交互，有效地对房地产进行系统的评估与研究，将特定的需求内置于这一整体模型的逻辑范式中，而整体模型的操作与发展则依赖于各专业方向的数据更新频次与数据质量保障，由此，一定程度上跳出了束缚于既定数学公式和统计工具的技术藩篱。而不同维度和不同层次的研究工作，又进一步细致刻画和解构了房地产的发展全景，无论对于实务还是理论的发展，可以说具有里程碑的意义。

应该说，像深圳市房地产评估发展中心这样由实务工作和应用研究起步，对房地产评估方法的理论体系有所创见和贡献的专业机构或社会公共服务组织，在国内尚十分难得。如今，该中心将多年来的研究成果结集出版，既是对自身成绩的展示，也是其所应承担的社会公共服务职能的内在要求。向社会传递专业领域的思想和成果，将专业工作打造成吸引专业人才和服务社会的一项事业，还是其多年秉承"专业铸就价值"理念的一种体现。我衷心希望这套丛书的出版，既能为社会传递改革创新的正能量，促进行业发展，更希望深圳市房地产评估发展中心能以此为新的起点，进一步提升自身的专业优势，在房地产评估与研究领域做出更卓越的贡献。

（作者为中国房地产估价师与房地经纪人学会副会长兼秘书长，经济学博士，研究员，国务院批准享受政府特殊津贴专家，住房和城乡建设部房地估价与房地产经纪专家委员会主任委员。）

序 言

　　已登记房产，即为在房地产行政主管部门进行过登记并依法确认过房屋产权归属关系的房产。与之对应的是未登记房产，市面上所谓的小产权房、违法建筑、私宅等基本都属于这一类别。

　　随着我国房地产市场的不断发展完善，现有已登记房产在开发、销售、交易、征用等方面均已得到有效的统筹和管理。未登记私房在我国普遍存在，体量巨大，虽然国家曾三令五申禁止未登记私房的建设、交易、租赁等行为，但却屡禁不止，反而有愈演愈烈的趋势。未登记私房本身存在许多争议，主要在于土地权属、土地利用规划、建筑质量、价格争议等方面。

　　不动产统一登记条例的出台，使我国不动产登记工作将进入全面明晰产权、有效保护权益、维护交易安全、提高交易效率的新阶段。目前的不动产统一登记制度没有考虑有产权瑕疵的房产登记，但这并不意味着未登记私房不需要纳入管理。相反，由于其处于半公开、隐蔽、不规范的灰色状态，更需要花大力气进行调查与监控。

　　房地产税改革已被作为税制改革的突破口之一，推进房地产税改革，逐步实现土地"出让收入"为主向"保有使用税收收入"为主的转型，不仅是实现房地产业健康发展的客观要求，也有利于合理调节收入分配差距，有利于为地方政府提供持续、稳定的收入来源。房地产税的核心问题有两个：一是征收对象，二是征收标准。通过未登记私房的评估工作，既可摸清楚每套私房的权利主体，又能计算出每套房屋的市场价值，拓宽了房地产税税源，为今后实际征收提供参考依据。

未登记私房本身作为一种客观存在的不动产，在现实生活中也存在对其客观价值的评估需求，主要集中在政府管理和民事纠纷方面。现有法律对未登记私房的主要处罚手段有拆除、没收和罚款，由于缺少对违法建筑的客观估价，致使罚款这一手段在实际执行过程中标准不一，操作困难，处罚力度不够。而在拆迁补偿方面，同样也存在补偿标准缺失或补偿不足的问题。法院在审理未登记私房交易合同纠纷赔偿、未登记私房财产分割等案件时，大多以未登记私房的市场价值为标准进行判决。由此可以看出，未登记私房的评估工作是必要而且迫切的。

现有的房地产评估对象大多为已登记房产，交易信息公开，房产本身信息也有据可循。本书的评估对象为未登记私房，面临房屋信息缺失、市场交易不透明、房屋类型结构混杂等诸多困难。以往我们也尝试过使用成本法和收益法对未登记私房进行批量评估，但存在种种缺陷。成本法通过工程造价计算房产价值，估值较市场交易价往往偏低，收益法则存在收益还原率难以测算的问题。为了更加准确测算房屋的市场价值，我们引入整体评估的思想，采用基于比较法的批量评估方式，对深圳市住宅类未登记私房进行整体评估，避免了其因为产权瑕疵带来的房价和地价难以厘清的问题。整体评估法由深圳市房地产评估发展中心耿继进主任提出，并在深圳市计税评估工作中不断实践发展完善。此次将整体评估的方法用于未登记私房评估，是在前人已有的工作基础和成果上完成的。整体评估的方法已在丛书其他著作中详细阐述，本书中不做赘述，重点放在整体评估法在未登记私房评估应用中的经验总结。

本书的主要贡献有如下三点：

首先，研究分析了国际和国内未登记私房的现状特点，结合以往的评估经验，为未登记私房的评估提供理论和实践基础。

其次，建立了未登记私房评估理论与体系，针对现实需求寻找合适的估价方法，制定了数据调查、数据工程建设和评估实施的"三步走"关键流程，数据调查与处理作为不可或缺的环节纳入评估体系当中。为进一步研究提供宝贵的实践经验，也对我国房地产税改革起到了积极的推动作用。

最后，将整体评估的理念应用在深圳未登记私房评估实践中。通过评估集合划分、比价关系构建、案例筛选等步骤，使评估价格逐渐逼进市场价格，使大批量、高精度、低成本评估成为可能，为未登记私房的批量评估提供了可借鉴的、具有实操性的范例。

需要指出的是，未登记私房整体估价并不是一个孤立的技术手段，而是关系到国计民生、经济发展、土地及税制改革等诸多方面。虽然现阶段对于未登记私房的处理政策尚未出台，但加强未登记私房的治理，实现统一部署和统筹管理，是未来必然的方向，未登记私房评估工作本身也需要法律法规、技术标准等多种上层规范的支持。

本书着眼于未登记私房房产的客观价值，并未在其产权及政策方面做过多论述。目前针对未登记私房的评估鲜有人研究，各种数据获取也十分困难。房地产评估模型中需要考虑的参数众多，且关系复杂。本书希望通过对未登记私房估价问题的探索，引起各界关注和讨论，共同发展完善针对未登记私房的评估工作。衷心希望本书能推动未登记私房批量评估的发展，在深圳的试点经验能够适用于更多的城市，为我国房地产税收改革提供有益的经验。

周亮

2016年3月7日

Contents

目　录

第一章　未登记私房评估研究基础

第一节　未登记私房及其描述

一、未登记私房的含义

房屋的分类方式多种多样，通常按用途分为住宅、商业、办公、工业等类型。在日常生活中，出于房屋抵押贷款、课税、房地产交易等用途，房地产评估大多针对的是已登记房产，即在房地产行政主管部门进行过登记并依法确认过房屋产权归属关系的房产。与之对应的是未登记房产，市面上所谓的小产权房、违法建筑、统建楼、农民房等，基本都属于这一类别。

小产权房不是一个法律概念，只是对于完全产权的商品房而言，乡镇政府或村委会在农民集体土地上单独或联合开发商开发建设的住宅称为小产权房。小产权房问题涉及国家的土地政策、住房政策，还关乎大多数居民的切身利益，如何对待小产权房已经成为关乎国计民生的重要问题。

"违法建筑"是指城市规划区内未经规划土地主管部门批准，未领取建设工程规划许可证（或临时建设工程规划许可证），擅自建筑的建筑物和构筑物。"违法建筑"产权是一种不完全产权。我国土地产权包括集体产权和国有产权两种类型，从"违法建筑"使用的土地产权类型看，"违法建筑"主要建设在集体用地上。从"违法建筑"发生的区位看，主要分布于经济发展速度快、快速城市化的地区。在这些地区，集体用地与相邻国有用地"同地不同权不同价"。

本书所指未登记私房分为两种情况，一种是在农民集体所有土地上，由开发商和村委会合作或由村委会、村民自行组织开发建设的房屋，在未交纳土地使用权出让金和各种税费的情况下自行销售，并向购房者发放由乡镇人民政府制作的"房产证",俗称"小产权房""农民房";另一种是在国有土地、集体企业用地、农民自留地、自留山或者占用耕地违法建设的房屋。两种情况下的未登记私房,都没有国家有关部门颁发的土地使用权证、建设许可证、销售许可证等,国土房管部门也不给予备案。

未登记私房指违反规划、土地、建设等城市管理性规范,未经相应行政主管部门审批、许可或者违背审批、许可的范围建设,且未经房地产登记机构登记确权的建筑物以及其他建造设施。小产权和完全产权是从土地权属角度进行分类,违法和合法是从法律法规角度进行分类,已登记和未登记是从行政管理角度进行分类,三者基于不同角度、不同范畴,在本书中统一称为未登记私房(简称私房)。

二、未登记私房的类别

由于涉及的未登记私房类型多种多样,每种类型均有不同特点。因此未登记私房的细分市场在评估中尤为重要。针对不同类别的未登记私房,在某个地理区位的不同市场,对评估人员的挑战在于确定子市场和不同类别,包括找到最佳的区域和类别数量,以及与市场保持同步的市场变化。

为了更好的进行评估工作,需要对评估对象进行基本的类型划分,按私房的不同用途进行划分,可以将所有的未登记私房划分为住宅、商业、工业、公共服务及其他,共计四大类。

1. 住宅类未登记私房

住宅主要指以居住为目的的建筑物,可以细分为成套住宅、非成套住宅、居住配套设施三类,每类具体的划分如下:

成套住宅,是指若干卧室、起居室、厨房、卫生间、室内走道或客厅等组成的供一户使用的房屋。

非成套住宅,是指房屋功能不够齐全,存在公用的部分,主要包括公寓、宿舍。

居住配套设施,主要是为居住提供一些配套服务的用房,包括配电房、停车房、保安室等。

2. 商业类未登记私房

借鉴国外的分类经验,综合深圳市房地产的特点,我们把商业房地产又可以细分为:零售商业、商务办公、酒店住宿、休闲娱乐、餐饮服务等。每类的具体划分如下：

零售商业，是指向个人消费者或最终消费者销售商品或服务的商业，在整个流通体系中，它是生产者与消费者或批发企业与消费者之间的中间环节。主要包括购物中心、百货商场、超市、专业市场、商铺。

商务办公，是指机关、企业及事业单位的人员从事行政事务、业务活动的建筑空间。根据功能情况，分为纯写字楼、商住楼。

酒店住宿，是以它的建筑物为凭证，通过客房、餐饮及综合服务设施向客人提供服务，从而获得经济收益的组织形式。

休闲娱乐，是指专门用来提供休闲娱乐的经营性商业。主要包括歌舞厅、夜总会、休闲会所、理疗中心、茶馆等。

餐饮服务，指以商业赢利为目的的餐饮服务机构，据《国民经济行业分类注释》的定义，餐饮业是指在一定场所，对食物进行现场烹饪、调制，并出售给顾客主要供现场消费的服务活动。主要包括餐厅（含中、西餐）、饭店、快餐、咖啡厅等。

3. 工业类未登记私房

工业房地产又可以细分为工业厂房、仓储用房、物流用房、研发厂房及工业配套用房。

（1）工业厂房（标准厂房及非标准厂房）

工业厂房，顾名思义，是用于工业生产过程中的建筑物。工业厂房除了用于生产的车间，还包括其附属建筑物，如厂房宿舍、食堂、办公楼等配套房屋，都属于工业厂房的范畴，或工业厂房的一部分。

工业厂房分为标准厂房和非标准厂房。标准厂房是指在规定区域内统一规划，具有通用性、配套性、集约性等特点，主要为中小工业企业集聚发展和外来工业投资项目提供生产经营场所的发展平台。非标准厂房则是根据特定的工艺要求而修建的。

工业厂房按其建筑结构型式可分为单层工业建筑和多层工业建筑。

多层工业建筑的厂房楼层一般不是很高，其照明设计与常见的科研实验楼等相似，多采用荧光灯照明方案。机械加工、冶金、纺织等行业的生产厂房一般为单层工业建筑，并且根据生产的需要，更多的是多跨度单层工业厂房，即平行布置的多跨度厂房，各跨度视需要可相同或不同。

（2）仓储用房

仓储用房是指用于满足储备、中转、外贸、供应等需要的各种仓库等用房。

仓库是根据人们从事物资储存活动的功能需要，按照物资对储存环境的要求而建立的储存场所。仓库具有储存、调节供需、衔接运输、流通加工和配送等功能。仓库的基本功能是储存功能，就是保证物资在储存过程中完整无损，使仓库作业达到安全迅速和经济合理。

（3）工业配套用房

工业配套用房是指作为工业的一些配套服务的用房和设施，主要包括工业配套宿舍、食堂、配电间、锅炉房、油罐和天然气储存罐用房等。

4. 公共服务及其他类未登记私房

公共服务类违法建筑即为社会提供各种服务的建筑物，包括行政用房、文化宗教、教育科研、医疗卫生、交通设施、市政设施等。

其他违法建筑包括除上面分类之外的，如指挥机关、训练员场等。

表1-1 未登记私房建筑分类表

用途（大类）		用途（中类）		用途（小类）	
编码	名称	编码	名称		
1	住宅	101	居住配套	配电房、停车房、保安室等	
		102	成套住宅	多栋、小区	
		103	非成套住宅	村民自建房、宿舍、公寓	
2	商业	201	零售商业	购物中心	按规模、辐射范围、档次分类
				百货商场	按规模分类
				超市	按规模分类
				专业市场	按业态分类：旅店、旅馆、招待所
				商铺	商业街商铺
		202	商务办公	办公楼	按规模分类
				商住楼	按规模分类
		203	酒店住宿	酒店、商务宾馆、旅馆、招待所等	
		204	休闲娱乐	歌舞厅、夜总会、休闲会所、理疗中心、茶馆等	
		205	餐饮服务	餐厅（含中、西餐）、饭店、快餐、咖啡厅	

用途（大类）		用途（中类）		用途 （小类）
编码	名称	编码	名称	
3	工业	301	标准工业厂房	单层工业建筑
				多层工业建筑
		302	非标准工业厂房	单层工业建筑
				多层工业建筑
		303	仓储用房	通用仓储
				特种仓储
		304	物流用房	物流厂房、仓库
		305	研发厂房	研发室
		306	工业配套用房	食堂、配电间、锅炉房等
4	公共服务及其他	401	行政用房	政府机关、检察院、公安、消防、海关等部门的办公建筑
		402	文化宗教	博物馆、宗教建筑、图书馆、广播电视台、音乐厅、文化中心、儿童活动中心、老年活动中心等
				以营利为目的的剧院、电影院等
		403	医疗卫生	医院、门诊部、诊所、卫生监督所、计划生育服务中心（站）等
				以营利为目的私立医院、康复中心、太平间等
		404	教育科研	职业学校、幼儿园等各类教育设施用房等
				以营利为目的的私利学校
		405	交通设施	交通设施楼
		406	市政设施	包括供应设施、邮政设施、电信设施、环境卫生设施及其他市政设施等
		407	其他	指挥机关、训练员场等

三、未登记私房的价值与价格

房地产估价是评估房地产的价值，价值的外在表现是价格。理论上是价值决定价格，实践中却是通过价格来了解价值。在房地产评估中，所涉及的价值主要是经济学范畴的价值。使用价值是指物品能满足人们某种需要的效用。交换价值是指一种商品同另一种商品相交换的量的关系或比例，即交换价值表现为一定数量的其他商品。在房地产估价中所讲的价值，一般是指交换价值。

在大众的普通认知中，房地产的价格主要涉及三种，即成交价格、市场价格和理论价格。成交价格简称成交价，是指一笔房地产交易中双方达成交易，由买方支付、卖方收取的货币或实物。成交价格是一个已经完成的既定事实，是个例价格，通常会受多种因素波动，例如交易双方对市场行情的了解程度，交易双方的动机或急迫程度，交易双方之间的关系、议价能力等等。成交价格可能是正常的，也可能是不正常的。在实际的商品房成交中，交易者为了逃避税费，还有可能虚报成交价格进行登记备案，因此在使用成交价格时，还需注意价格的数据来源。市场价格简称市场价，是指某种房地产在市场上的平均水平的价格，是剔除了各种偶然和不正常因素后的价格，是该种房地产大量成交价格的抽象结果，也是普通大众通过外界（通常由官方或房地产中介机构公布）获取的价格，例如某片区的均价、某楼盘的价格。理论价格是在真实需求与真实供给相等的条件下形成的价格。在经济学里有许多词来表达，如价值、内在价值、自然价格、实际价值等。理论价值并不是静止不变的。现阶段我国一线城市的房价普遍较高，以深圳为例，住宅的自有率只有三成，说明大多数人买房的目的是为投资，这多少会影响市场本身正常的供需平衡调节。

未登记私房由于本身产权不明确，所占土地的权属不尽相同，房屋建造也无统一标准，在讨论其价值时需针对不同情况区别对待，为了方便说明，我们以评估商品房的成本法为例进行说明。根据定义，成本法是以房地产价格各个组成部分之和为基础来求取房地产价值的方法。成本法中的"成本"并不是通常意义上的成本（不含利润），而是价格（包含利润）。经典的商品房开发经营方式是房地产开发企业取得房地产开发用地进行商品房建设然后销售，其中房地产价格构成可分为土地取得成本、建设成本、管理费用、销售费用、投资利息、销售税费和开发利润7大项，即：

房地产价格=土地取得成本+建设成本+管理费用+销售费用+投资利息 +销售税费+开发利润

其中，土地取得成本和建设成本之和，成为直接成本：

直接成本=土地取得成本+建设成本

土地取得成本、建设成本、管理费用、销售费用、投资利息和销售税费之和，即为开发成本：

开发成本＝土地取得成本+建设成本+管理费用+销售费用+投资利息+
销售税费

由上可知，商品房的开发成本主要有四块：土地取得成本、建设成本、利润和其他费用。

依此对照，未登记私房占有土地有三种类型：集体土地、农民自有宅基地和非法占有国有土地，因此未登记私房在土地取得上没有成本。未登记私房大部分为村民自建，也有少部分为村委与开发商合作统建，因此在管理、销售费用和税费上也比商品房少很多。未登记私房没有统一的建设标准，村委统建的楼盘质量稍好，农民自建的房屋大部分质量较差，不仅未能达到国家规定的标准要求，绝大部分还有安全隐患。其他费用方面，未登记私房的销售通常为散发传单、网上售卖或委托中介，且不受政府管制，未缴纳税费，因此其他费用占比极低。

综上可知，未登记私房的开发成本主要为建设成本和利润。随着城市发展，土地增值，未登记私房的利润也随之上涨，因此看到私房价格随商品房一起上涨的市场表现。

未登记私房的价值难以评估，导致国家立法（《中华人民共和国城乡规划法》第64条）对未登记私房处罚处理方面只能采用工程造价作为基准。建设工程造价是建设项目总投资中的固定资产投资部分，是建设项目从筹建到竣工交付使用的整个建设过程所花费的全部固定资产投资费用。建筑安装工程造价是建设项目投资中的建筑安装工程投资部分，也是建设工程造价的组成部分。其公式为：

建造工程价格=建筑土建工程费+建筑安装工程费用

由于未登记私房的特殊性，建造时只考虑建安价格，其他成本暂不予考虑，据此可确定未登记私房的现时单位面积重置价格即为建安成本。

全国各地的建筑工程造价基本在1000元到2000元之间，每年上涨的幅度也微乎其微。近年来我国房价呈上涨态势，特别是2015年"3·30新政"之后，各地房价出现快速上涨。在房地产市场火热的情势下，未登记私房的价格也水涨船高。以深圳为例，龙华新区某私房楼栋从2014年底到2015年7月半年内涨幅达40%，实际的市场价格与工程造价相去甚远。值得注意的是，未登记私房的市场价格仅代表市场成交的意愿与状态，不能真实反映其真实价值，仅能表示价格走向趋势，鉴于私房本身的违法性和交易市场的混乱，其市场价格不能简单作为私房所占土地价值的计算标准。另一方面，未登记私房市场价格上涨反映了私房售卖方的获益情况，也能体现私房成交市场的体量与活跃程度，为管理治理未登记私房提供参考借鉴。

第二节　未登记私房评估背景

随着我国房地产市场的不断发展完善，现有已登记房产在开发、销售、交易、征用等方面均已得到有效的统筹和管理。未登记私房在我国普遍存在，虽然国家曾三令五申禁止未登记私房的建设、交易、租赁等行为，但却屡禁不止，反而有愈演愈烈的趋势。未登记私房本身存在许多争议，主要在于土地权属、土地利用规划、建筑质量、价格争议等方面，学术界从各个角度阐述了其产生的原因、发展的过程以及治理的对策等。

未登记私房在我国各大城市普遍存在，在深圳甚至占据全市建筑总量的一半。由于所处区域以及价格等因素的影响，未登记私房吸纳了大量的外来人口，在建筑外观、人口构成等方面与城市现有合法社区存在明显的差异。未登记私房的存在，在城市综合治理、社会治安等方面给政府部门提出了综合治理难题。未登记私房对整个房地产市场的影响显而易见：第一，未登记私房大量侵占土地资源，加剧了当前土地资源紧张的局面，土地无法集约利用，加剧了土地资源的紧张，成为产业结构调整的"瓶颈"。第二，未登记私房市场作为一个自发形成的市场（非正式房地产市场），是正规房地产市场的一个补充。从当前对房地产市场的调控政策而言，由于缺乏对未登记私房市场的数据监测和跟踪调查，无法得知该市场真实的供给需求，也无法研究其对整个国民经济、房地产业等的影响效应，从而使得未登记私房市场成为政府房地产调控的真空地带，影响了房地产政策制定和决策科学性与有效性。

房地产评估是市场经济不可或缺的一部分，已登记房产评估的应用范围主要有房地产抵押、房地产征收、房地产税收、房地产拍卖、房地产分割、房地产损害赔偿、房地产保险、房地产转让和租赁、国有建设用地使用权出让、房地产行政管理等方面。未登记私房因其合法性问题，导致权利缺失，比如无法进行抵押、拍卖、分割、转让、租赁等。

在错综复杂的情况下，未登记私房的统一治理和规范管理是未来的发展趋势。目前房地产估价规范中对估价对象的产权状况并未作出明确的限制，未要求房产本身权属明确登记合法才可进行评估，因此对于有产权瑕疵的房产在评估后需作出说明即可。在现实生活中，存在未登记私房买卖合同纠纷、拆迁费用补偿纠纷、处罚金额混乱等实际问题，这些基本都涉及未登记私房本身的客观价值。因此，有必要进行未登记私房的评估工作，满足社会经济生活的现实需求。

一、行政管理支持

1. 违建处罚

现有的法律法规中，对于未登记私房处罚的手段主要有拆除、没收和罚款。《中华人民共和国城乡规划法》第六十四条规定"尚可采取改正措施消除对规划实施的影响的，限期改正，处建设工程造价百分之五以上百分之十以下的罚款；无法采取改正措施消除影响的，限期拆除，不能拆除的，没收实物或者违法收入，可以并处建设工程造价百分之十以下的罚款"。《广东省城乡规划条例》做了补充，"违法收入，按照该建设工程的销售平均单价或者市场评估单价与违法建设面积的乘积确定；建设工程造价按照有违法建设情形的单项工程造价确定，其中房屋建筑工程按照单体建筑物工程造价确定。"《深圳市房地产市场监管办法》对处罚细节作出说明，"销售违法开发建设的违法建筑的，由主管部门依法没收违法所得，违法所得无法计算的，按照所实际销售的违法建筑经评估的工程造价额计算违法所得；涉嫌非法经营犯罪的，移送司法机关依法处理。"2013年7月29日，武汉市人大召开《武汉市城乡规划条例（草案）》（以下简称为条例）立法说明会。该条例的一大亮点是强化了规划监管，根据上位法的规定，违法建设的处罚依从上限，罚款数额按市场价格处罚。

上述法律法规中，多次提及"销售平均单价""市场价格"，但在我国规划土地执法实践中，较少运用没收违法收入处罚作为违法行为人承担的法律责任。在针对执法现状和典型案件的调查分析中发现，由于一线执法人员对违法所得的认定和法定程序存在较大困惑，因而更倾向于选择使用拆除和没收未登记私房进行处罚，导致行政处罚手段单一，处罚效果有限，越来越跟不上违法形势。

通过没收违法所得给予违法行为人行政处罚的案件寥寥可数。具体有以下原因：首先，一线执法人员对违法所得的数额认定不一致，存有疑问。违法行为人所得中哪部分是违法所得？是否应当扣除有关成本费用？实际销售中无法确定的部分如何认定违法所得？其次，一线执法人员对没收违法所得执行程序不确定，存有顾虑。

没收违法收入可以大大增加违法建设成本，从而最大限度降低行为人的利益驱动。根据中华人民共和国国家标准《房地产估价规范》，房地产价格=土地取得成本+成本（工程造价）+管理费用+销售费用+投资利息+销售税费+开发利润。考虑未登记私房的特殊性，其房地产市场均价约为工程造价、基准地价以及所得利润之总和。未登记私房由于未缴地价等有关费用，工程造价成本非常低，其市场价格通常为其造价的几倍甚至几十倍，以工程造价为标准处罚明显过轻。在实际处罚过程中，违法收入所得通常以售卖方或出租方提供的租售合同为依据。由于阴阳合同的存在，导致处罚金额基本偏低，无法达到处罚的目的和效果，不利于遏制违法现象的蔓延。因此，客观公正的评估未登记私房的市场价值，可以为未登记私房处罚提供有效的依据。

2. 拆迁补偿

如学者所述，未登记私房不合法的原因主要有三点，即违法用地、违规建房、无证售房。其中，涉及拆迁补偿的是建设在集体土地上的未登记私房。同时，根据《城市房地产管理法》第31条和《物权法》第146条规定，我国不动产采取"建筑物所有权+土地使用权"相结合的房地产权结构，实行房地一体主义，即房屋所有人和土地使用权主体一致；房屋所有权与土地使用权同时转让。所以，有人就会认为，"皮之不存，毛将焉附"，未登记私房未取得建设用地使用权，上面的房屋就属于违章建筑，对其拆迁也就无补偿。

未登记私房有很多原本就是农村居民住宅，即使是在集体建设用地上新造的楼房，其大多也在村镇的规划范围内，只是不能作为商品房销售。土地违法并不意味着房屋违法。房屋作为物，其所有权自建造之日起就原始取得，任何人不得侵犯，只是这种权利受制于土地所有权的瑕疵，在流转过程中得不到法律的保护。如果将所有未登记私房认定非法而强制拆迁，不仅在实践中难以操作，还可能导致更严重的群体冲突。当然，未登记私房的存在样态是鱼龙混杂，参差不齐，所以，目前折中的办法应该是在杜绝新违规建房前提下，对未登记私房区别对待：对于非法占用农田或者一些严重的违章建筑，要坚决拆除。

在我国立法上，关于拆迁补偿的原则一直语焉不详，理论界对到底应该是完全补偿还是公平补偿也争论不休。实践中，对被拆迁人的补偿标准上，尤其是征地拆迁中，往往是适当补偿或者相应补偿为主。具体体现就是：（1）在拆迁房屋的估价中，大量使用成本法而舍弃比较法；（2）对拆迁房屋所有人因拆迁所受损失的补偿不足。对于第一点而言，因政府制定的估计依据一般低于市场价格，据此用成本法计算出来的结果要远远低于比较法，因此对于拆迁人是有利的；而第二点则可能会因拆迁许可证颁发时补偿数额不能体现拆迁房屋的预期利益或者产权交换中差价过大，而使被拆迁人丧失赖以谋生的手段或负担过重，降低生活水平。

关于补偿标准上，应当尊重购房者的财产权益，建立公平补偿的标准和利益分享机制。虽然集体土地使用权本身很难估价，但我们认为可以区分征收房屋的原用途是住宅还是商业用房，同时考虑征用后是公益使用还是商业使用，进行相应的拆迁补偿。对于未登记私房的补偿方式，是实行货币补偿还是房屋产权调换，可以给予被拆迁人选择权，而且由于未登记私房往往处于城乡交界地段，货币补偿时更应该采用比较法，进行房屋估价补偿。通过对未登记私房的评估，可以从一定程度上反映未登记房产本身的客观价值，这样既考虑了房屋拥有者的客观经济收益增长，同时避免了集体土地估价这一难题。

3. 不动产统一登记

不动产统一登记面临三大任务：机构整合、职责整合和信息整合。目前，机构整合已经完成，以国土资源部牵头，包括土地、房产、农业、林业等管理部门参与的不动产登记局已经在2014年8月份成立。当前，正在推进的工作是职责的整合，涉及部门间的协调、技术标准、平台建设等等，这是一个系统工程，远不是牵头单位——国土部门一家就可以搞定的事情，需要地方政府主管领导亲力亲为，近期地方试点已经在推进这方面的工作。

不动产产权信息整合的难度是最大的。关于这一点，目前讨论的最多的就是信息的分割和残缺，例如土地、房产、林地和滩涂等不动产信息掌握在不同主管部门的手里，整合这些信息有协调上的难度，也有技术上的难度。例如，过去一些纸质信息的登记和目前电子信息登记的口径和标准不一；各地方自行建设独立的登记系统，对接的难度很大；过去经历了频繁的机构整合、职能调整、国企改制、产权转让，信息丢失问题很严重。

"孤岛信息"之间的整合只是个技术问题，所需要的只是时间和人力，解决起来还不是最困难的。最大的难题是如何处理产权不清晰、不完整或存在争议的不动产登记问题。如果在登记时略过它，仅仅登记合法建筑，不动产登记"物权法定、公示公信"的基本原则就名存实亡了，不动产统一登记的目的——明确权利归属和降低交易成本的目标也就落空了。

不动产产权不清晰、不完整，或者有争议，甚至是违法，主要是因产权交易不合法而产生的。如为规避监管和交易成本，私下交易不允许上市和有条件上市的不完整产权房屋，如近年来在小产权房、军产房、央产房、未房改福利房、单位自建房和集资房、未登记商品住房、工业配套宿舍等领域普遍存在的私下交易行为。这类房屋产权本身就是不完整的，交易行为本身是违法的，如小产权房私下交易违反《土地管理法》和《城乡规划法》，军产房私下交易违反《军队现有住房出售管理办法》。而央产房、非房改福利房要经历类似于房改的程序才能上市。但目前这类房屋大多不具备上市条件。以央产房为例，截至2011年北京已购公房总量近160万套，央产房约占40万套，其中有50%仍不具备上市条件。近年来，在楼市高利润刺激下，各地单位自建房和集资房泛滥，很多企事业单位违反用地规划，利用自有用地、工业用地、产业配套办公用地建设，在内部职工分配或对外出售。

尽管国家和国土资源部一直坚持未登记私房不能转正，私下流转属非法，但未登记私房并没有萎缩，反而越来越多，存量未登记私房超过60%是近十年来产生的。未登记私房尽管违反了土地利用规划，但其产生是不合理的土地二元制度、住房保障建设滞后、城市化补偿不彻底等一系列原因造成。因此，未登记私房是体制改革不到位的产物，其在社会上客观生存空间非常大。

不动产登记是对物权的登记，前提是这些权利必须合法、有效。对于合法类不动产，其登记不是什么难的事情，主要是一些技术上的问题，最难处理的是那些不合法不动产。由上分析，不合法不动产并不单单是法律问题，更多的是行政体制改革、国企改革、经济体制改革不到位的结果，事实产权大于法律产权、留用超过拆除，不动产领域存在问题最多的也就在这类房屋中，如产权纠纷、侵权、腐败等。2008年，我国市场化住房供给在住房存量中所占比重为38.6%，目前也不超过50%，如果剩余50%的住房产权不弄清楚，或者继续延续过去放任或搁置的解决方案，不动产登记效果难达预期。

在未登记私房评估过程中，首先需要对房屋本身的信息进行调查，只有摸清楚房屋的基本属性才可能实施评估。同时，对于未登记私房价值的评估本身也是对其信息的补充完整，可以纳入不动产统一登记管理的范畴之内，为政府厘清现实存在的但产权有瑕疵的房产提供有力保障。

4. 房地产税征收

未登记私房有其一定的积极意义，比如解决外来人员和中低收入人员住房问题，安抚原住地失地村民等。实际上，未登记私房问题的本质，就在于没有履行从农村用地改造为城市建设用地的合法手续，所以造成了国有土地转让金的流失。

对于未登记私房是否该征房产税，目前有两种观点：第一种观点认为房产税是财产税，其征税基础是产权。而未登记私房没有土地使用权，如果对其征税，就赋予未登记私房与城市商品房完全一样的合法地位，这不仅违反我国基本土地制度，危及农业安全，而且也造成很大不公平。第二种观点认为购买和居住未登记私房属于钻政府的空子，有很多人还带有投资性，如果对其免税，不符合税法的公平性。

中国财政学会副会长贾康认为在房价过快上涨的情况下，未登记私房不需缴纳土地出让金及与房地产开发相关的各项税费,其开发成本较低,售价仅为同区域商品房的1/5甚至1/2左右。未登记私房购买者享用了政府提供的各种公共设施以及由此带来的物业增值,因此,向未登记私房业主征收房产税在中国是唯一合理的征收行为。通过征收房产税的形式,让购房者把过去要一次性支付的土地出让金分期支付,可以把购房者的经济负担分散化、长期化,解决购房者一次性支付成本过高的问题,让更多的人能够买得起房。对于未登记私房征收比普通商品房更高的房产税代替土地出让金,可以探索出治理未登记私房的新路径。

未登记私房的治理肯定不能一拆了之,对存量的未登记私房问题也许可以依赖房产税征收来解决,不妨考虑房产税首先从未登记私房开始征收,即未登记私房要从第一套就开始征收房产税,而不像商品房可以从第二套开始征缴。当然,征税的前提是政府应该将这部分税收用于小产权项目附近的公共设施与服务,比如增加学校、医院,建设道路、公园、运动场所等,毕竟在不合法的未登记私房项目周边,政府没有进行公共设施与公共服务的投入。通过对房产税进行调节,可使其持有成本增加,房价下降。当房价低到一定程度,修建未登记私房也就无利可图了。

用房产税的办法破解未登记私房之困局,可达到以下四个目的:首先,社会财富得到了保存,避免了建设材料和劳动力的浪费,减少强制拆迁可能导致的社会矛盾激化;其次,建房者的土地出让获利仍基于农业价值,因为土地的商业价值已经被资本化到房产税中,而国有土地转让金的流失可以通过房产税来弥补,相对公平;第三,对于囤积居奇的投机者,如果实行高额的房产税和多套房产的累进税制度,其持有成本大大增加,投机动机也会下降;最后,对于中低收入的购房者,可以考虑房产税与其收入挂钩的原则,在其经济情况较差时可以少收,在其收入增加之后则可增税,比较公正。当然,房产税只是解决未登记私房问题的一步棋而已,还需要和其他的配套法律法规一起协调,比如建立长期的城乡发展规划,合理分配城市化的土地升值收益,解决失地农民的就业、教育、福利等民生问题,才能从长远解决这一困境。大禹治水,宜疏不宜堵;破解未登记私房之困,也是一样的道理。

国务院已经明确指出:城镇居民不得到农村购买未登记私房。但不合法的未登记私房仍大行其道，一方面是价格优势吸引购买者，另一方面还在于开发未登记私房的获利空间大，开发商受利益驱使大量建造。而由于开发主体不规范，相关部门监管措施不到位，未登记私房销售行为的存在不仅仅有悖于税收公平原则，造成国家税款的大量流失，更严重冲击了税务机关对房地产行业的税收管理。

从目前未登记私房的开发现状看，未登记私房大多分布在城市郊区及乡镇，大部分承担开发的企业经营范围都不包含房地产业务，甚至有不少是个人负责建筑开发，从而使项目的开发具有一定的隐蔽性，这就给税务机关的监管带来一定的难度。同时，由于这些经营者素质参差不齐，通常都是抱着投机的心理开发建设未登记私房，加之缺乏有效监管，从而就会对会计核算要求不严、账目混乱，利用房地产的滚动开发、时间跨度大等经营特点，采用收入、成本不均衡入账、跨年度入账等手段让国家税收顺理成章地变成了他们的流动资金，甚至可能设立账外账，让税务机构监控不到，造成税款的流失。

解决未登记私房税收困难的方法有：

（1）规范未登记私房的税收征管

税收征管的实际工作中，由于存在纳税人信息失真情况，决定了税务机关必须具有对纳税人管理的信息系统。这样的信息系统应包括税收的预测、登记、纳税申报、税款征收、税务稽查、税源监控、优惠政策管理、税收资料的收集储藏特别要有纳税人银行信息资料和信用资料的储存。为保证对涉农未登记私房实行有效的征管，同时又不至于导致税源的流失，需要至少在一个市属的范围内由国税、地税机关统一进行征管。这样，才能防止企业通过变更主管税务机关等手段来规避税收，从而使其在税收公平的基础上更好地接受税收征管。对涉农未登记私房开发建设主体，应比照房地产企业所得税税收政策进行征管。

（2）制定明确的税收制度并在民间推广

鉴于未登记私房复杂的现状，制定明确的税收制度是当务之急。根据税收制度设计的财政原则、效率原则、公平原则、适度原则制定出一套适用于未登记私房建设、销售、使用等各个环节的税收制度不但利于国家财政，利于房地产开发企业，更利于普通的居住人群。只有政策明晰了，税务机关才能保证税法的贯彻实施，有效监控房屋的开发建设进程、销售进展及收支情况，保证税收的公平原则和国家税款的应收尽收和足额入库。由于未登记私房都是在城郊或农村建设，而这些地方一般都是信息不发达，居民的总体素质相对发达的城市也会低一些，所以在这些地区推广国家税收政策制度是非常有必要的。让房地产企业与居民都能了解政府的税收政策，法律法规，让他们认识到纳税光荣，做到依法纳税。

（3）加强对未登记私房开发企业的税收监控

部分税收人员偏重于对税务执法行为完成后的监督，而对于执法目的、执法证据、执法程序、适用法律法规等并不明确，对执法依据是否充分、准确，工作规程是否详细、具体等问题忽视，由此造成了事前监督和事中监督的不到位。虽然未登记私房的开发建设不具备房地产企业开发建设大产权房的法律要件，但考虑其运作实质的一致性，根据企业所得税法的实质重于形式原则，应该比照房地产企业进行税收征管。加强对未登记私房开发企业的税收监控。要做好摸底工作，通过走访调研对企业的经营情况总体掌握，设立未登记私房开发企业的台账，随时掌握房屋的开发 建设进展及销售情况，同时也方便对企业进行业务指导和政策传达。

配合国家不动产统一登记工作以及未来可能开展的房产税征收工作，这不仅需要弄清每套未登记私房的客观情况，也需要评估每套私房的价值，为税收提供参考依据。

二、民事纠纷诉求

1. 交易合同纠纷

未登记私房是城镇常住人口的重要住房来源，以深圳为例，深圳市的未登记私房提供了深圳市55.61％人口的住宿。在未登记私房租售的过程中，存在大量的交易合同。在法院的审判实践中，对于买卖未登记私房的合同效力问题，各地法院的审理思路基本一致，即涉及未登记私房的买卖合同均属无效。《中华人民共和国合同法》第五十八条规定：合同无效或者被撤销后，因该合同取得的财产，应当予以返还；不能返还或者没有必要返还的，应当折价补偿。有过错的一方应当赔偿对方因此所受到的损失，双方都有过错的，应当各自承担相应的责任。因此，出卖人返还房款及赔偿相应的装修添附损失，买房人腾退房屋，应无争议。但对于出卖人是否应当赔偿买受人信赖利益损失以及如何确定期待利益损失数额，在审判实践中争议很大。

所谓信赖利益，是指一方基于对另一方将与其订约的合理信赖所产生的利益。尽管在最终判罚上存在观点分歧，但基本都围绕着房产本身的价值引发的利益补偿。因此，也有人提出，虽然国家禁止未登记私房交易，但毕竟未登记私房的实际交易价格是存在的，可以征询数家房地产中介机构，了解类似未登记私房的实际交易价格与买受人原购买价格之间的差额，并考虑双方的过错程度酌定补偿数额。这种方法既有失公允性，也无法应对现实中大量的赔偿裁决需求。

以实际案例解析：北京画家村农民曾大规模向画家出售集体土地性质的房屋，后来房子升值，农民纷纷要求画家退房子，农民也同意退还当初的购房款。最终法院同意农民的诉讼请求，但是认为农民应当弥补画家的信赖利益，判决结果是画家退还集体土地性质的房子，但是农民赔偿画家几十万元的信赖利益。

2. 财产分割纠纷

根据我国土地管理法和有关政策规定，农民集体所有土地的使用权不得出让、转让或者出租用于非农业建设。城镇居民不得到农村购买宅基地、农民住宅或未登记私房。任何单位和个人不得租用、占用集体土地搞房地产开发。所以，现行法律及政策规定均禁止未登记私房基于买卖、交易等法律行为发生物权变动(所谓物权，是指权利人依法对特定的物享有直接支配和排他的权力，包括所有权、用益物权和担保物权)，其基本的价值取向在于贯彻和落实严格的土地用途管制制度，以保护耕地。

根据上述规定，法院在审理离婚案件中，对于夫妻共同购置的未登记私房不作为物权分割，但可以对房屋的财产权益予以分割，分割后的财产权益仅限于夫妻相对方，不具有绝对权(绝对权又称对世权，是指其效力及于一切人，即义务人为不特定的任何人的权利。绝对权的主要特点在于，权利人可向任何人主张权利。各种人身权、所有权都属于绝对权)。这是因为未登记私房是"房"，具有房屋的一切物理属性，它与大产权房屋在使用性质上是一样的。夫妻离婚时争执最大的就是房屋，对该财产法院不分割显然不会消除纷争。而尽管《最高人民法院关于适用若干问题的解释(二)》第 21 条规定:"离婚时双方对尚未取得所有权或者尚未取得完全所有权的房屋有争议且协商不成的,人民法院不宜判决房屋所有权的归属,应当根据实际情况判决由当事人使用。"但这一规定是建立在争议房屋有国家合法产权基础上的,而未登记私房屋不可能取得商品房的产权,法院不会将其作为商品房进行分割,但可以对房屋本身具有的财产权益进行分割。因为购买时不是按照有商品房产权的房屋价格购买的,所以分割时不能按照有商品房产权房价格来对待。不过,房屋毕竟有一个增值因素,双方对争议未登记私房屋的市场价可以进行议价,议价不成时还可以进行重置价评估,使用房屋的一方应给对方适当补偿。

现实中未登记私房房屋本身作为一种财产,存在着围绕产权的各种纠纷,法院在处理相关纠纷时,大多尊重未登记私房的客观价值,在赔偿金额方面也参考市场价格,虽合情理但难以操作,未登记私房的市场价格并不公开,在赔偿数额方面会存在二次纠纷的可能。目前对已登记房产的评估工作已日趋成熟完善,但对未登记私房的评估工作鲜有开展,因此,对未登记私房的评估可以扩大不动产评估对象的范围,为未登记私房民事赔偿纠纷方面的工作提供房产的价值参考,作为赔偿金额认定的参考依据。

第三节　未登记私房现状综述

一、境外未登记私房现状

在不少发达国家或地区,当今已经基本上消除了违法建造的楼宇、房屋、工业厂房和临时性建筑,但并不能说在这些发达国家和地区不存在"违法建筑"。这些"违法建筑"的形成主要是由于获得审批的建筑项目在建设施工过程中没有严格遵循原设计方案而造成的,或者是对私有产权居住用房或办公用房随意改装而形成的。

在土地公有制为主的新加坡和中国的香港地区主要都是以楼房为主要的居住建筑,相关法律规定楼宇业主不得侵占公共空间,在公共空间私自搭建和改造要被重罚,并且对室内装修也有着极其详细的规定,例如由装修而引起楼下住户漏水的现象,当事业主就必须负责赔偿损失,不能解决的交由法庭裁决。同时，新加坡的公房政策和香港的廉租房政策成熟、完善，民众几乎没有刚性需求。新加坡政府每年还会委托专业机构做市场调查，满足经济发展的用地需求，违法建筑没有市场。至2006年，香港的廉租房总量几乎占香港住宅总量的一半，成功解决了中下层居民的安居生活。

在实行土地私有制的欧美等国家和地区，土地及土地上的房产属于私有财产这些地区的居民住宅多是两、三层花园房屋，有很大的改造余地。但是这并不意味着可以随意改动，凡是涉及扩大住宅面积，改动房屋结构，增加车库，改动门面，以及把房间进行分割改造成出租屋，甚至改装窗户这样的事情，都要经过地方政府相关机构的审批和监督。并且政府都要对这些改造预案在地方报纸上进行公示，以便在是否有碍相邻关系和社会公益环境方面让公众参与监督。在美国违法建筑现象比较少见，违法的现象主要出现在住宅业主自行搭建附属建筑物和家庭住宅改造扩建或者改动房屋建筑的主体结构时没有按照规定办理审批手续。业主大多是因为害怕审批手续繁琐和被否决或者是不想花费请相关机构进行评估的费用，这样因未获得审批就形成了违法建筑。美国政府高度重视住房保障立法，在美国已形成相互补充的比较完善的住房保障法律体系。退休老人和家庭收入低于居住地中位收入80%的人群能够得到美国政府提供的较低租金住房；政府采取了多种税收减免政策，为低收入人群拥有住房创造条件；政府还一直采取多种财政措施解决低收入人群住房问题。

1.香港

香港实行既严密又细致的规划用地审批制度，控制建设用地规模，一事一法，针对性很强。在土地和城市管理方面，形成了《城市规划条例》《市区重建条例》《土地征用条例》《建筑物条例》等一系列完备的立法体系。香港屋宇署对于违法建筑的定义是：凡任何建筑工程，如建造、修葺、拆卸、改动及渠务等工程，均须先取得屋宇署的批准及同意或通过"小型工程监管制度"的简化程序，方可展开，否则该项工程会被视作"违例建筑工程"。一般违建工程包括空调室外冷却塔支架、铁笼、檐篷、屋顶楼顶平台的建筑物、改动结构、分割空间、违规的管道接驳等等。缴纳物业税或差饷不会使违法搭建物变得合法。因为历史上的原因，香港有着数目庞大的违法建筑，1997年之前已经存在100万个以上的违法建筑，1997年之后，特区政府通过加大对于违法建筑的查处力度，使得目前违法建筑处于可控状态，并在实际管理中找出了符合香港社会情况的管理模式。

2.美国

在美国，消费者在购买房子之前必须请一位拥有资格证书的房地产监理员进行监督。违法建筑现象集中出现在家庭住宅改造扩建时。如何运用有效的管理手段来制止这种现象的发生，成为美国政府的当务之急。住宅业主自行修建附属建筑，而没有按照标准程序办理批准手续，往往是因为他们希望改善自己住宅的结构，却又不想花费邀请当地行政机构评估的费用，或是害怕那些烦琐的申办程序，或是要扩建的附属建筑的标准比较低，就错误地认为申请会被立即否决。这些没有经过正常手续获得建筑许可的附属建筑就成了违法建筑。

目前，建筑许可证越来越受到社会的普遍关注。住宅业主在对自己的房子"动手"之前，都会申请办理许可证批准手续。扩建工程一旦开始，住宅监理委员会随时要求检查和分析建筑的内部结构。这一类的检查相当严格，甚至可以说是苛刻。检查项目包括地基、墙、天花板、屋顶表面的框架结构、防水性能、管道、电路、绝缘状况，等等。如果发现有与当地建筑法规有抵触的地方，必须进行修改，半点都不马虎。有时所要求的修改费用可非常昂贵，即便是这样，业主也没有其他选择，因为建筑许可证的办理手续是不可能半途而废的。另外，业主还被要求支付所有新建筑的相关配套费用，比如说学校配套费、公共下水管道配套费等等。如果附属建筑被判定会对主体建筑物造成危害，就可能被强制拆除或改造。

3.日本

在日本，修改后的规则和指针规定，业主必须进行屋顶绿化。否则，建筑物将被视为违法建筑。联合国人类定居世界会议(HABITA)发表了一份报告，表明在2010年大城市人口排行榜上，东京圈地区以2640万人口继续排在首位。如此庞大的东京人群居住在同样十分庞大的住宅群中，不合理建筑问题堆积如山。东京城市森林的居民越来越渴望改善自己的居住环境。

违法建筑在城市的高楼间悄悄增长，现在已经形成了一定的规模，并带来危险和麻烦。2001年9月1日，东京新宿歌舞伎町一幢名为"明星56号楼"的建筑发生火灾，因楼梯狭窄无法逃生，致使44人葬身火海。

调查后发现，不光是新宿，东京很多地方的店铺为了增加营业面积，建筑物内的电梯和通道都十分狭窄，窗口都藏在密密麻麻的广告牌后面，而且在防火设施上投机取巧。在小泉纯一郎的严令之下，东京警方对东京地区的风俗产业进行了一次防火普查，并制定相关法律，对唯利是图、消防安全意识淡漠的业主加大惩罚力度。

疯狂增长的各类建筑还吞噬了东京大片的绿地，随之而来的"热岛现象"令住房质量问题更加凸显。近100年来，地球平均气温上升，这一期间东京市区的气温竟上升7摄氏度。东京现在已成为当今地球上屈指可数的"发热器"。为此，东京人想出了在房顶种植绿地的高招。根据东京都政府1999年12月修改的《自然保护条例实施规则》和《绿化指导指针》，在新建或改建建筑物时，业主必须递交绿化计划书。

有关部门在审批建筑计划时，将严格审查绿化计划是否达到有关标准。修改后的规则和指针规定，业主在建设占地面积1000平方米以上的个人建筑物或250平方米以上的公共建筑物时，20%以上的屋顶必须栽种花草、树木，进行屋顶绿化。否则，建筑物将被视为违法建筑。现在如新宿区的第一日本印刷公司总部大楼，东京中央区的圣路加国际医院，都有一片空中花园，实现了在密集建筑区的高层绿化。

随着各国城市化发展不断加速，诸如改善居住环境等根本性政策变得不可缺少。东京不良建筑的改造工作还有很多很多，日本其他大城市也存在和东京类似的建筑问题。

4.英国

在英国，在自己房子上加盖一层是合法的，但需要到当地议会或者规划局等部门报批建筑计划。英国由于土地私有，土地所有者想在自己的土地上搭建什么房子都是个人的自由，在自己房子上加盖一层那也是合法的，只需要到当地议会或者规划局等部门报批一下建筑计划就行。申报后，就会有人来你家视察，看看你报的规划是否有安全隐患，会不会侵犯到邻居的权益，邻居是不是有意见；申报下来就可以建，建完相关单位还会来审查，审查合格盖章通过。如果不提前审批，则只能面临强拆的命运。

5.意大利

意大利政府曾用卫星定位，对比政府建筑许可规划，来彻查违章建筑。目前已经在包括那不勒斯在内的意大利南部发现大批违章建筑，据说可增加税收4.72亿欧元。

意大利前总理贝卢斯科尼在撒丁岛的切尔托萨豪华别墅从建设之初就招致"违章建筑"的指责，随后的一系列大肆装修工程也被指有违规之嫌。2006年，他刚刚辞职没多久，警方就认定其别墅内假山的混凝土地基有可能破坏了海岸。意大利海岸保护法规定，不得擅自改变海岸两公里范围内的地形地貌。检察官怀疑，这一人造工程没有获得建筑物的规划许可证。假如调查发现假山属于违规建筑，那么当事人不仅要面临罚款，这座假山还可能被推平。

6.委内瑞拉

1999年岁末，委内瑞拉北部8个州连降暴雨，造成该国百年不遇的严重自然灾害。在灾情最重的瓦尔加斯州，山洪和威力巨大的泥石流冲毁了数万幢住房，堵塞了交通要道。沿海各个城市的公路80%受到破坏。西蒙·玻利瓦尔国际机场被迫关闭，临时充当了灾民收容中心。在首都加拉加斯以及法孔州、米兰达州等地，也有大量房屋被毁，道路和桥梁受损，大片农田被淹。据估计，全国共有33.7万人受灾，14万人无家可归，死亡人数超过3万，居民财产损失达上百亿美元。

如此之多的房屋在暴雨之后毁于一旦，原因何在？专家们认为，重要原因之一是城市建筑缺乏系统规划和严格的管理，很多房屋是违法建筑。根据委内瑞拉《土地和水资源法》，阿维拉山通往加拉加斯的7个峡谷周围50米之内禁止建造住宅，离河岸60米之内也不准建房。但不少低收入家庭多年来在这些峡谷地带及河边修建了许多简易住宅。这些住房成了这次泥石流的牺牲品。由于自然排水的渠道受阻，房屋被冲倒后更增加泥石流的威力，沿途横扫一切。

从加拉加斯驱车前往西蒙·玻利瓦尔国际机场，沿途可以看到许多依山坡而建的红色砖房，有平房，也有两三层的楼房。在加拉加斯市周围的山上，这样的建筑不计其数。这里缺少起码的公共服务设施，一些山沟和小溪成了排放污水和扔垃圾的地方。这些房子的主人多数是从内地到首都来谋生的穷人，住不起市区价格高昂的房子，只好在山上搭房栖身。很多房屋的地基不稳固，有的建在很陡的山坡上，非常危险。加拉加斯市的地层脆弱，山体容易滑动。遇上大雨，往往出现山体滑坡，造成屋倒人亡的惨剧。

据统计，加拉加斯有4.8万余幢住房地基不牢，几十个住宅小区处于危险状态，只能听任大自然的摆布。在这些危房中住着近30万人，其中5万多居民住在高危险的地区，一旦遇到暴雨，就可能成为无家可归者。

为了避免再次出现类似惨剧，加拉加斯市政府颁布了法令，宣布在危险地区不得再住人，现有的危房都要拆除。委内瑞拉政府打算逐步解决危险地区居民的住房问题，将选择在适合建房的地方建造符合质量标准的住房。同时为居民提供应有的基础服务，注意保护生态环境。在城市建设中将加强规划和监督管理。

由以上可以看出，违法建筑在各国普遍存在，治理难度也相当大。首先要摸清违法建筑的情况，才有可能对其治理，在进一步规范化的基础上，才有可能对其进行评估。

二、国内其他城市未登记私房现状

未登记私房改造在各地以旧城改造、城中村改造等名义存在已久，发展到今天已呈难以遏制之势。据中国新闻网载文指称，目前中国60%以上的房屋资源还没有实现商品化运转。通过旧城改造、城中村改造、合村并镇、新农村建设、村集体直接开发、合作开发、各种形式的信托持有等多种途径和形式，涉及城市居民和公司拥有的未登记私房已达到现存全国村镇房屋建筑面积330亿平方米的20%以上，其中涉及村镇住宅的大约50多亿平方米，涉及村镇生产性建筑的规模也很大，它甚至已经成为许多中小企业、三资企业的主要的生产场所。由于在建、已建未登记私房分散而隐秘，其数量很难统计；由于未登记私房没有完善的销售手续，其在全国范围内占住房总量的比例也难以统计。

目前，以旧城改造甚至新农村建设的名义，违规在农村集体土地上进行未登记私房开发建设的形式主要有三种：一是部分村委会、村民未经审批，擅自组建队伍搞建设；二是部分村委会与开发商合作，由村委会出地，开发商出钱，双方利益分成；三是个别村委会直接把农村集体土地卖给开发商，非法转让集体土地使用权。开发建成后的未登记私房，从物业形态看，一般是普通住宅，也有少量高档住宅和别墅，北京等地还有三合院、四合院等稀有物业类型。从价格看，一般只有同样位置商品房价格的40%至60%。

1. 北京市

北京市因其特殊的政治经济地位，其未登记私房状况历来受到全国关注。目前，北京未登记私房开发主要是以镇、村为实施主体，筹资或联合企业在集体土地上建设，并以较低的价格向本集体经济组织以外成员销售。对已销售的未登记私房，由享有该土地所有权的乡镇合作经济联合社或村经济合作社制作颁发权属证书。销售收益主要归开发商和镇、村集体，部分收益也分配给了当地村民。据了解，受益于暂时利益的部分村民，对此比较支持。

北京在售的400余个楼盘中，已售和在建的未登记私房近1000万平方米，约占市场总量的18%，项目均价为3344元/平方米，是2006年北京市整体楼盘销售均价8792元/平方米的38%，为四环内商品房价格的25%—30%。

从分布情况看，未登记私房分布于北京东南西北四周近郊位置，主要集中在房山、怀柔、密云、通州、大兴、顺义、昌平等地。其中，房山区的未登记私房项目数量最多，占比为26.3%，其次为怀柔区、密云县和通州区，占比分别为20.0%、17.5%和11.3%。房山、通州两区受到了交通利好的影响，京通快速路、京石高速路将这两个区域与城区连接起来，缩短了往返城区的时间成本，因此在售未登记私房项目主要以普通住宅为主，而密云、怀柔两地具有先天的生态环境优势，项目多以别墅类型为主。

2. 武汉市

武汉市的未登记私房开发模式主要有四种：农民自行建设、集体经济组织作为主体的建设、集体经济组织与开发商合作建设以及开发商作为主体的开发建设。农民自行建设房屋是未登记私房开发模式中最典型、最原始的一种。武汉市比较老的城中村大都是通过这种模式开发的。在新农村建设和中心村建设的背景下，村民在得到政策扶持和优惠条件后，会集资集中修建房屋，在安置本集体经济组织成员后还有部分剩余，集体就将剩余部分出租或出售给非本集体经济组织成员。这种情形占用的土地一般是集体建设用地，土地来源是合法的。发现有利可图之后，一些乡镇政府、村集体私下与开发商合作，占用集体土地进行普通商品房模式的开发，在宅基地、乡镇企业废弃地、公益设施用地，甚至占用耕地擅自开发住宅，并向购房者发放由村委会自行制作的"宅基地本"或乡镇政府制作的"房产证明"（俗称"绿本"），非法获利。有部分集体经济组织在未办理任何手续的情况下，直接将集体土地使用权"出让"给开发商，由开发商进行物业开发，对外出售。相比较于第三种模式，集体经济组织的自主权利更小，整个开发建设、销售过程及项目转让等全都由开发商做主。未登记私房的这种开发模式是近几年在未登记私房的高峰需求期才产生的主流模式，武汉市后湖的三金潭小区、江夏的城北小区、中州小区等一批新生未登记私房基本都是由开发商完全自主开发的。

从城市的一般发展规律来看，因城市的发展是从中心逐渐向外扩张的，在城市的边缘被开发的时候，就容易产生未登记私房，所以未登记私房大多分布于城市边缘地带。但是武汉相对比较特殊，武汉市未登记私房多集中于城中村和城乡结合部，尤其是城中村。武汉市共有147个城中村，其中的100多个城中村中都存在未登记私房。据市场机构统计，武汉三环内有近3成土地属于集体用地，且三环内有56个城中村，这些城中村的住宅大部分为未登记私房。城中村有丰富的宅基地，农民在富余的宅基地盖房屋，多余的部分用来出租或者出售；另外城中村大面积进行新农村建设，在资金不足的情况下引进开发商开发，除去留给当地村民居住的部分通常还有大量剩余，剩余部分则向外出售。有学者统计过，武汉市的江夏区、洪山区、黄陂区有大量未登记私房分布，而洪山区就在三环线以内。总体来看，武汉市未登记私房分布范围较广。

3. 郑州市

郑州市的未登记私房主要分布在城市的北区与西区，北区的未登记私房数量较少，但项目规模普遍比较大，开发模式一般都是开发商和村委联合开发，以城中村改造的名义，承诺3年办房产证写入了购房合同。项目全部是多层，户型以二室和三室为主，面积主要集中在100平方米左右，平均价格约2100元/平方米，与周边商品房价格比相对较低，一是由于北区的环境相对来说比较好；二是北区的未登记私房具有规模优势，周边的配套也比较齐全，有较好的销售包装和较正规的推广传播渠道，很多都投放了报纸广告。

西区的未登记私房数量较多，开发模式大多为村委会集资式的，开发商介入的不多。项目全部是在集体的闲置土地上建设，其集体产权证由村委会颁发。建筑类型上，因周围生活环境较差，必要的生活配套也很缺乏，均价只有约1600元/平方米左右。

4. 南京市

南京市未登记私房的出现已有10多年历史。起初是村委会给农民盖集中区、中心村和农民公寓时，把多余出来的房子私下卖掉。但他们很快发现，除了建设费用外，未登记私房没有其他任何成本，利润丰厚，一些村镇、街道开始成片开发，在城市周边由点到面像滚雪球一样变大。目前，南京市以旧村改造甚至新农村建设名义，违法在农村集体土地上进行未登记私房开发建设的形式主要有三种：一是一部分村（居）委会未经审批，擅自组建队伍搞建设；二是与开发商合作，由村委出地，开发商出钱，双方利益分成；三是个别村（居）委会直接把地卖给开发商，非法转让集体土地使用权。

未登记私房由最初满足拆迁农民和低收入者的基本住房需求，逐步异化为中高档房甚至别墅，成为少数人用来攫取暴利的工具。目前，该市的未登记私房大都集中在栖霞区和雨花台区，如栖霞区的兴都花园、尧化门附近的银贡山庄，雨花台区的七彩星城、韩府山庄、凤翔花园小区等，建筑面积共计约200多万平方米，均价在3000元每平方米左右，大约是市区商品房价格的三分之一。

5. 成都市

在成都，据《天府早报》报道，目前在三环路外的城乡结合部，不少楼盘建在农民的宅基地上，是不折不扣的未登记私房。2004年年初，成都青羊区文家乡出现了成都第一个乡产权房屋，体量为10万平方米的精诚花园，开盘价900元左右，以房屋买卖合同的方式进行销售。2005年郫县团结镇、友爱镇、德源镇、安靖镇相继推出总量接近150万平方米的未登记私房，以集资建房的形式进行销售。2006年成都市金牛区政府在天回镇推出"银丰苑"，以3500元左右的均价被一抢而空，同时以租赁房屋使用权的形式进行销售。2007年"北湖映像"以转让物业使用权的方式进行销售。

据不完全统计，成都未登记私房在全市出现遍地开花的局面，例如：成都东：龙泉——洛带镇、大面镇；成都北：新都——大丰镇。成都南：双流——九江镇、兴隆镇；武侯——金花镇、簇桥镇、机投镇。成都西：郫县——安靖镇、团结镇、安德镇、德源镇、唐昌镇、新民场镇、古城镇；温江——万春镇。

综上来看，未登记私房具有以下特点：

1. 范围广、数量多

房地产市场是促进当地财政收入增长的支柱产业，开发商、地方政府甚至销售商都从中获得大量利润，而国家的建设用地指标是有限的，所以对房地产开发的要求也越来越高，而这也直接导致地方政府和开发商联合进入房地产市场谋利。当有用地指标时，地方政府同房地产建设企业合谋先将土地置换到非粮食生产上，然后和农民宅基地一起开发建设成没有产权证的"商品房"，这些房屋与普通商品房相比，在规模、设计、销售等形式上都没有差别。由于有利可图而且相对"大产权"来说价格便宜，这种未登记私房在地方上也越来越多，遍布各个城市的周边及乡镇，影响甚大。

2. 建筑违法

用于房屋建设的土地应符合城乡建设的用地规划，取得相应的建设商品房的土地许可和建设的规划许可，建设成商品房的工程符合建设质量许可，在缴纳完各种法定税费之后，由国家颁发产权证书。这种没有经过正常程序而开发建设的房屋，没有"四证一书"，质量不能保证，是典型的违法建设。因此，未登记私房不具备成为商品房的法定条件，不能作为商品房屋正常处理。

3. 扰乱房地产市场

商品房必须是符合法定条件，取得国家颁发的房产证的房屋。未登记私房只是有商品房的形式却无商品房的法定条件。商品房符合法律规定，缴纳各种税费，国家全力保护其有效权利，而未登记私房是建设方和购买者自行签订交易的合同或乡村组织证明，这种非法房屋交易具有重大隐患。把未登记私房与商品房混淆，会导致商品房市场混乱、市场失灵，法律失效。如果随意给未登记私房办理产权证，就是对购买完全产权商品房消费者的不公平。

4. 治理难度大，方式不统一，隐患严重

随着城乡建设的推进，很多并不符合城乡建设规划的未登记私房已经形成一定规模，拆除并重新规划土地用途会带来沉重的财政负担。目前针对未登记私房拆除赔偿没有统一的标准，如果参照商品房的拆除补偿条件，将对商品房所有权者不公平；如果当作普通的违法建筑直接拆除，将损害购买者的利益，还有可能激化矛盾引起冲突。

三、深圳市未登记私房现状

深圳历经三十几年从一个小渔村发展成现代化大都市，人口膨胀到1300万人，据统计，深圳全市建设用地达917平方公里，其中原农村集体用地为390平方公里，占比高达42%，产生了附着于其上的未登记私房37.30万栋，占全市总建筑面积的"半壁江山"。这主要是因为深圳集体土地所有权的主体不清晰，住房制度无法跟进；急剧增长的外来人口，催生了大量住房的刚性需求；保障性住房建设远不能满足城市低收入群体和进城人员的居住需求，商品房价格过高，未登记私房价格相对低廉。

事实上，全国通行的"小产权房"概念并不适用于深圳。"小产权房"这一民间说法原指在农村集体土地上违规建设、向社会公众租售的房子。2004年，深圳为了加快城市化进程，把农村集体所有制土地全面转为国有，村民转为市民，并取消了村组织。不过，在土地国有化的过程中，为了照顾原居民的利益，深圳市为每户划出占地不超过120平方米，层高不超过5层，建筑面积不超过480平方米的标准来建房，超过这一标准的建筑，都属于违法建筑。此类建设在国有土地上的违法建筑，也就是俗称的"农民房"，构成了深圳未登记私房的主体。除此之外，军产房和单位集资房也是未登记私房的重要组成部分。这三者的共同特点在于无法取得国家颁发的产权证。

1. 概况

（1）发展与演变

深圳市历年未登记私房数据显示出两个鲜明特征：

一是从建筑面积看，1992年原特区内城市化之前，未登记私房总量为0.45亿平方米，占比11.47%，说明绝大多数未登记私房产生于城市化过程中。

二是从两次城市化的时间节点看，1992年至1993年第一次城市化实施完成阶段，产生未登记私房0.33亿平方米，占比8.42%；2003年至2004年第二次城市化实施完成阶段，产生未登记私房0.57亿平方米，占比14.54%，可见，两次城市化对未登记私房产生具有显著的刺激作用。

在城市化过程中，除1992年至1993年第一次城市化阶段、2003年至2004年第二次城市化阶段两个节点突出外，各阶段未登记私房总体呈下降的趋势。

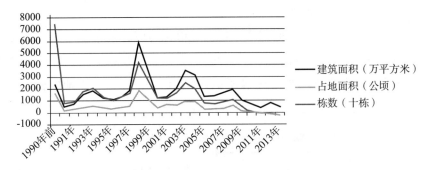

图1-1 未登记私房随政策阶段变化趋势

注：为便于观察，栋数以十栋为计量单位。

三次查违政策总体而言对深圳未登记私房发挥了控制作用，整体区域是逐年下降的趋势，但每次查违政策出台后未登记私房会有小幅反弹。根据政策出台阶段，各阶段产生的未登记私房情况如下：

第一阶段：1999年3月5日前。1999年2月26日市第二届人民代表大会常务委员会第三十次会议通过《深圳市人民代表大会常务委员会关于坚决查处未登记私房的决定》。这一时期产生的未登记私房达22.16万栋，占现有未登记私房总数量的63.61%；建筑面积1.93亿平方米，占全市现有未登记私房总建筑面积的50.13%。

第二阶段：1999年3月5日至2004年10月28日。这一时期新产生未登记私房数量共计8.76万栋，占现有未登记私房总数量的25.14%，建筑面积

1.16亿平方米，占现有未登记私房总建筑面积的30.18%。

第三阶段：2004年10月28日至2009年6月2日。2004年10月28日，中共深圳市委、深圳市人民政府颁布《关于坚决查处未登记私房和违法用地的决定》。该时期内新产生未登记私房共计3.8万栋，占现有未登记私房总数量的10.91%，建筑面积0.73亿平方米，占现有未登记私房总建筑面积的15.9%。

第四阶段：2009年6月2日以后。2009年6月2日，《深圳市人民代表大会常务委员会关于农村城市化未登记私房的处理决定》颁布实施。2009年6月2日后的未登记私房共计0.12万栋，占现有未登记私房总数量的0.35%，建筑面积0.03亿平方米，占现有未登记私房总建筑面积的0.79%。

（2）总量与结构

①年度全市未登记私房总量

从数据总量上看，根据"全市农村城市化历史遗留未登记私房普查申报一张图"和新增未登记私房变更调查数据，截至2013年12月31日，深圳市未登记私房约37.30万栋，建筑面积约4.24亿平方米，总占地面积为1.31亿平方米，占据全市建筑总量的半壁江山。

表1-1　深圳市未登记私房与商品房现状情况对比表

类别	建筑总量 （万栋）	总建筑面积 （亿平方米）	住宅类建筑面积 （亿平方米）
未登记私房	37.30	4.24	1.77
商品房	23.68	4.14	2.39

未登记私房主要分布在原特区外，共有未登记私房32.56万栋，总建筑面积约3.71亿平方米，总占地面积约1.15亿平方米，分别占全市总量的87.30%、87.32%和87.64%；原特区内未登记私房4.74万栋，总建筑面积约0.54亿平方米，总占地面积约0.16亿平方米，仅占全市总量的12.70%、12.68%和12.36%。详见表1-2：

表1-2　全市未登记私房总体情况表

时间	区域	栋数（栋）	建筑面积(万平方米)	占地面积（公顷）
截至2013年12月31日	原特区内	47361	5378.78	1624.62
	原特区外	325646	37045.2	11514.96
	合计	373007	42423.98	13139.58

（b）未登记私房的区域分布

截至2013年12月31日，全市未登记私房主要分布在原特区外。未登记私房排名前三的区为：宝安区未登记私房86798栋，建筑面积1.29亿平方米，占总量的30.46%，违法占地面积36.02平方公里，占总量的27.42%；龙岗区未登记私房98841栋，建筑面积1.00亿平方米，占总量的23.54%，违法占地面积32.45平方公里，占总量的24.70%；龙华新区未登记私房49314栋，建筑面积0.70亿平方米，占总量的16.54%，违法占地面积19.05平方公里，占总量的14.5%。详见图1-2。

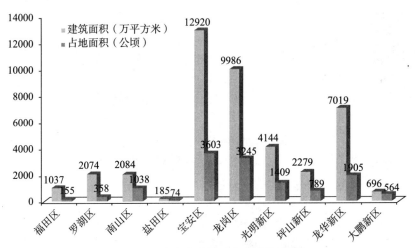

图1-2　全市未登记私房区域分布图

（c）未登记私房功能分类

从使用用途看，在全市未登记私房总体中，住宅类未登记私房最多，共计251356栋，未登记私房面积1.77亿平方米，占全市总量的41.74%，违法占地面积为35.96平方公里，占全市总量的27.37%；工业类未登记私房其次，共计86640栋，未登记私房面积1.71亿平方米，占全市总量的40.23%，违法占地面积为68.74平方公里，占全市总量的52.32%。详见图1-3。

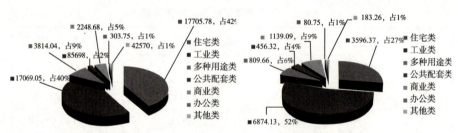

(a) 未登记私房面积（单位：万平方米）　　(b) 违法占地面积（单位：公顷）

图1-3　全市未登记私房功能分布图

（d）主体分布情况

因2009年6月2日以后新建违法建筑无法确定当事人信息，故仅对未登记私房进行主体分布情况分析。全市未登记私房约有36.69万栋，涉及当事人或管理人（包括原农村集体经济组织）总计44.53万（包括自然人、机构或组织）。在住宅类未登记私房中，符合原村民或适用原村民处理原则的当事人约21.70万；在非住宅类未登记私房中，原农村集体经济组织性质的当事人约2.64万。详见图1-4。

(a) 住宅类　　　　　　　　　　　　(b) 非住宅类

图1-4　存量未登记私房主体分布图

2013年度的新建未登记私房中，原农村集体经济组织和社会企业或个人兴建的未登记私房占主体的百分比，详见图1-5。

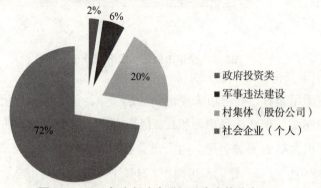

图1-5　2013年度新建未登记私房主体分布

2. 在售市场现状

相对于商品房销售市场，未登记私房销售已成规模，并逐步公开化，在开发、营销以及金融服务等方面均向商品房看齐。但由于各种原因，关于未登记私房销售市场缺乏全面、准确的跟踪，缺少有效监管，未登记私房销售泛滥，在给国家带来巨大财政税收流失的同时，也是对高价商品房购买者的不公，日具规模的未登记私房交易，给土地规划与管理带来很大麻烦，也扰乱房地产市场的健康发展。

（1）在售分布

2013年，全市大部分在售楼盘集中在原特区外地区，主要分布在沙井、石岩、松岗、西乡和龙华街道。

从全市空间分布来看，除福田区、罗湖区、坪山新区外，全市7个区排查均发现在售未登记私房，并在局部区域呈现聚集现象。南山西丽、蛇口有零星销售，主要以第二次、第三次单套转卖为主。而绝大多数的在售未登记私房楼盘主要集中在宝安、龙华、龙岗原关外地区，呈现明显的"扎堆"现象。尤其是在宝安区沙井、石岩、松岗、西乡街道以及龙华新区龙华街道较为聚集。全市在售未登记私房分布情况如图1-6所示。

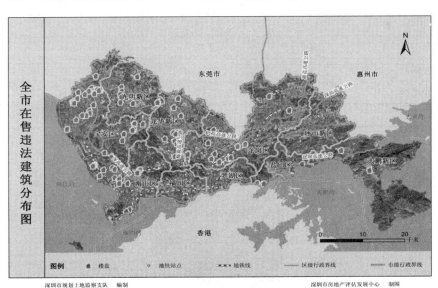

深圳市规划土地监察支队 编制   深圳市房地产评估发展中心 制图

图1-6　未登记私房销售楼盘分布图

从区域空间分布来看，在售未登记私房聚集在轨道交通线周边。以宝安区和龙华新区为例，宝安区未登记私房销售楼盘多在广深高速、地铁罗宝线与环中线周边聚集，龙华新区多在梅观高速、机荷高速、地铁龙华线周边聚集。

（2）在售数量

截至2013年12月，全市各区未登记私房销售楼盘共计100个，总占地共计43.08公顷，其中，宝安区未登记私房在售楼盘总占地为22.69公顷，占比为52.67%，居全市首位。全市各区未登记私房在售楼盘总建筑共计558.05万平方米，其中，宝安区未登记私房在售楼盘总建筑为270.71万平方米，占比为48.51%，居全市首位。宝安、龙华和龙岗的未登记私房问题比较突出，未登记私房楼盘占全市的63%，总建筑面积占全市的83.14%，各区具体数据详见表1-3和图1-7。

表1-3　各区未登记私房在售楼盘占地面积与建筑面积情况一览表

区域	楼盘数（个）	总占地面积（公顷）	总建筑面积（万平方米）
宝安区	44	22.69	270.71
龙华新区	14	6.85	113.84
龙岗区	15	5.68	79.43
光明新区	11	3.32	58.97
南山区	9	2.58	14.86
大鹏新区	2	0.77	7.74
盐田区	5	1.19	12.49
全市	100	43.08	558.05

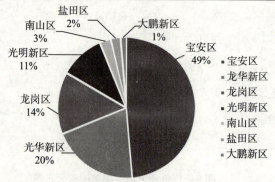

图1-7　各区未登记私房在售楼盘建筑面积对比图（单位：万平方米）

（3）未登记私房挂牌

（a）挂牌面积

2013年，全市未登记私房共有100个销售楼盘，楼盘总面积为558.05万平方米，挂牌面积为55.8万平方米，占楼盘总面积的10%。各区挂牌面积与总建筑面积情况详见表1-4，其中，宝安区挂牌面积最高为27.071万平方米，其次是龙华新区的11.384万平方米，大鹏新区挂牌面积为全市最低。

表1-4　未登记私房面积表

单位:万平方米

区域	总建筑面积	挂牌面积
宝安区	270.71	27.071
龙华新区	113.84	11.384
龙岗区	79.43	7.943
光明新区	58.97	5.897
南山区	14.86	1.486
大鹏新区	7.75	0.775
盐田区	12.49	1.249
合计	558.05	55.805

（b）挂牌户型

全市未登记私房销售楼盘户型以两房两厅和三房两厅户型为主，分别为79个和77个；单间或一房一厅和四房与复式较少，分别为21个与23个。各区户型详情见表1-5。

从单套面积看，宝安区石岩街道嘉丽大厦楼盘单套面积最大，为210平方米；龙华新区龙华街道金湖雅苑楼盘单套面积最小，为49平方米。

表1-5　未登记私房销售楼盘户型表

单位:个

区域	楼盘数	单间或一房一厅	两房一厅	两房二厅	三房两厅	四房及复式
宝安区	44	8	13	35	37	10
大鹏新区	2	0	0	1	2	1

区域	楼盘数	单间或一房一厅	两房一厅	两房二厅	三房两厅	四房及复式
光明新区	11	2	3	8	10	5
龙岗区	15	5	12	11	7	1
龙华新区	14	3	6	13	11	5
南山区	9	0	2	9	8	0
盐田区	5	3	3	2	2	1
全市	100	21	39	79	77	23

（c）挂牌均价

2013年，全市挂牌均价整体呈逐步上升趋势，挂牌均价为5273元/平方米，同比（2012年4255元/平方米）增长23.92%。一季度在售楼盘挂牌均价4113元/平方米，为全年最低；四季度受原特区内个别楼盘入市的影响挂牌均价为全年最高，达6860元/平方米。全市及各区具体数据详见图1-8和图1-9。

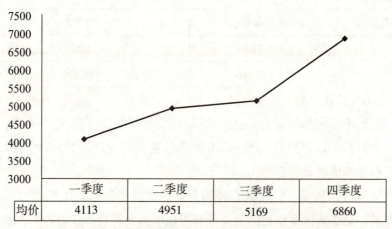

	一季度	二季度	三季度	四季度
均价	4113	4951	5169	6860

图1-8　2013年各季度在售简单平均价格（单位：元/平方米）

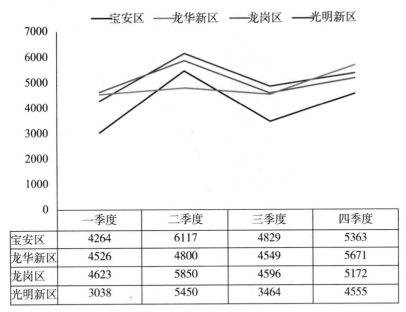

	一季度	二季度	三季度	四季度
宝安区	4264	6117	4829	5363
龙华新区	4526	4800	4549	5671
龙岗区	4623	5850	4596	5172
光明新区	3038	5450	3464	4555

图1-9　2013年各区各季度未登记私房住宅简单平均价格

（4）金融服务

2013年，全市在售未登记私房提供银行按揭或分期付款的楼盘共4个，占在售楼盘总量的4%。未登记私房难以寻求金融支持，主因是监测数据从开发商挂牌交易扩展到农民自主挂牌交易，从原关外扩大到原关内，且新监测销售楼盘多属于整栋买入、单套转卖的"二手房屋"，化整为零，销售方资金调度能力与原村集体（股份公司）、开发商相比，明显较弱小。各区提供金融服务的在售未登记私房数量及比例详见表1-6。

表 1-6　各区提供金融服务的销售楼盘数量及比例

区域	楼盘数量	提供按揭或分期的楼盘数量	比例
宝安区	44	1	2.27%
龙华新区	14	1	7.14%
龙岗区	15	1	6.67%
光明新区	11	1	9.09%

注：楼盘按揭方式包括（1）首付5成，分期10年或分期3年；（2）首付4成，分期6年

假定提供金融服务的在售未登记私房有一半的需要贷款，首付为5成，分期10年，则粗略估算贷款资金额度为1515.45万元，各区分布情况详

见图1-10。

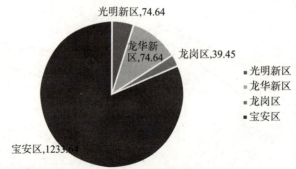

图1-10　2013年各区贷款比例图（单位：万元）

3. 在租市场现状

（1）租赁合同量

未登记私房市场交易的主体是租赁市场。分析未登记私房租赁市场有着重要意义：一是分析未登记私房租赁市场状况，能反映出深圳市经济结构特征和人群的分布特征；二是作为微小企业活动的主要场所，未登记私房租赁市场的周期变化，能对全市经济运行状况起到预警作用。

2013年1—4季度全市未登记私房租赁新增合同总量为124837份，比2012年114509份增加10328份，同比增长9%。2012年第一季度租赁合同量为58446份，2013年第一季度租赁合同量为38271份，均为全年最高。

2013年1季度租赁量占全年租赁总量的30.66%。数据显示，在第一季度出现的"井喷式"增长中，租赁主要集中在宝安和龙岗两区，其原因是每年的第一季度是外来务工人员返深的高峰期，另外这些区域外来人口多且交通便利，由此带来的租赁合同量剧增。数据详见表1-7和图1-11。

表1-7　2012年和2013年未登记私房租赁合同量对比

单位：份

时间	2012年	2013年
第一季度	58446	38271
第二季度	23670	36089
第三季度	16993	23928
第四季度	15400	26549
合计	114509	124837

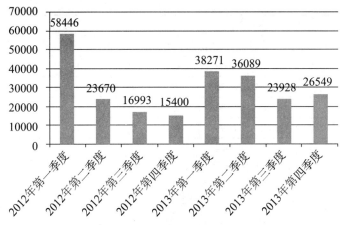

图1-11 2012年和2013年租赁合同量对比图（单位：份）

从区域来看，大鹏新区和盐田区租赁合同量较少，分别为1710份和1867份。宝安、龙岗两区较多，分别为35455份和22819份，两区合计占全市租赁总量的46.68%，究其原因：一是"租房沿着地铁走"，深圳原关内一体化进程加快带动原关内福田区、罗湖区和南山区租房人群逐渐向原关外转移。深圳多条地铁全线开通，打破了原关内外交通"瓶颈"，交通条件的改善，带动了片区内的住房租赁需求，地铁沿线物业成为众人热捧的"香饽饽"。二是宝安、龙岗两区面积广阔，是深圳市未登记私房的主要聚集地，另外大量的以劳动密集型企业聚集在这两个区，吸引了大量的外来务工人员在此就业、生活，对住宅类未登记私房租赁需求量较大，三是宝安、龙岗两区的生产型企业较多，这些企业需要大量的生产性厂房，对生产经营性未登记私房需求量较大。各区租赁总量见表1-8、图1-12。

表1-8 2012-2013年全市各区未登记私房市场租赁总量

单位：份

时间 区域	2012年				2013年			
	第一季度	第二季度	第三季度	第四季度	第一季度	第二季度	第三季度	第四季度
罗湖区	7022	3747	2403	1461	5262	4990	3223	2892
福田区	5284	2731	1295	1818	4149	3563	1516	2576
南山区	4605	2244	1469	1728	3251	2869	1596	2199
盐田区	1341	457	197	180	721	499	363	284
宝安区	20247	7699	5469	5320	11014	9846	7451	7144
龙岗区	12106	4618	4034	3764	7096	5953	4164	5606
光明新区	1047	442	249	295	478	1254	1102	917

续表

时间\区域	2012年				2013年			
	第一季度	第二季度	第三季度	第四季度	第一季度	第二季度	第三季度	第四季度
坪山新区	3746	1508	908	834	1527	1447	843	1002
龙华新区	2150	0	736	0	4349	5064	3393	3524
大鹏新区	898	224	233	0	424	604	277	405
合计	58446	23670	16993	15400	38271	36089	23928	26549

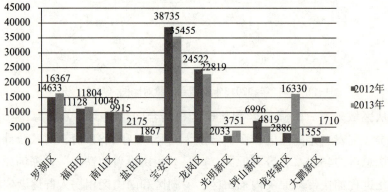

图1-12 2012和2013年度全市各区全市各区未登记私房市场租赁总量 （单位：份）

究其原因：一是宝安、龙岗两区面积广阔，属于原关外地区，是深圳市未登记私房的主要聚集地；二是由于大量的以劳动密集型企业聚集在这两个区，吸引了大量的外来务工人员在此就业、生活，对住宅类未登记私房租赁需求量较大；三是宝安、龙岗两区的生产型企业较多，这些企业需要大量的生产性厂房，对生产经营性未登记私房需求量较大。

2013年度，龙华新区租赁合同总量急剧上升，2012年为2886份，2013年为16330份，是2012年度的5.66倍，这主要是因为2012年度有两个季度的数据并未上报，如图1-13和图1-14所示。

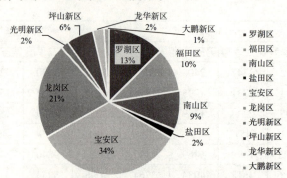

图1-13 2012年全市未登记私房租赁总量分布

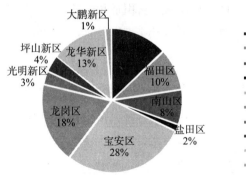

图1-14 2013年全市未登记私房租赁总量分布

这反映出深圳市经济社会运行的主要特点：（1）租赁区域分布体现深圳市经济空间布局特点：宝安、龙岗两区是深圳市主要工业区，大量的劳动密集型企业聚集，福田、罗湖、南山三区，商业服务业较发达，这些区域吸引大量外来务工人员。（2）租赁季节性变化体现深圳市人口以下特征：非户籍人口占多数，造成全市户籍人口与非户籍人口"倒挂"，也使全市租赁市场季节性特征非常明显。

（2）租赁税费

2012年度，全市新签未登记私房租金共18.71亿元，全市未登记私房租赁贡献财税约1.6亿；2013年2月，深圳市五届人大常委会第二十一次会议通过《深圳经济特区房屋租赁条例（修订草案）》，暂停征收房屋租赁管理费。2013年，全市新签租金下降到4.96亿元，全市租赁贡献财税约0.26亿。各季度存未登记私房租金、租赁税总额详见表1-9，未登记私房土地利用效率较低，虽然未登记私房占全市建筑物数量的半壁江山，但税费贡献较低。

表1-9 2013年未登记私房各季度租金情况一览表

单位：万元

时间 类别	2012年				2013年			
	第一季度	第二季度	第三季度	第四季度	第一季度	第二季度	第三季度	第四季度
总租金	131049.41	166567.5	193270.7	215450.9	12825.36	14168.02	12546.33	10079.72
总租赁税	11724.12	14689.25	16898.31	18712.19	654.13	738.00	672.05	529.34

从各区未登记私房租金来看，盐田区、大鹏新区和坪山新区的未登记私房租金总量偏低，宝安区、龙岗区、罗湖区较高，分别占全市未登记私

房租金总额的34%、16%和14%。从租赁税费来看，宝安区、龙岗区和罗湖占比依然较高，分别占全市未登记私房租赁税的35%、17%和14%，各区数据详见表1-10、表1-11、图1-15和图1-16。

表1-10　2013年未登记私房各区租金情况一览表

单位：万元

租金	第一季度	第二季度	第三季度	第四季度	合计
宝安区	4670.73	4368.61	4588.38	3491.47	17119.20
大鹏新区	59.52	60.95	75.10	149.33	344.89
福田区	757.95	790.90	1158.55	557.06	3264.46
光明新区	411.25	1087.93	822.13	452.11	2773.42
龙岗区	1600.53	2401.00	2078.04	2086.86	8166.42
龙华新区	1338.05	1720.99	1421.87	1161.34	5642.25
罗湖区	2695.75	2104.82	1189.10	1021.32	7010.99
南山区	770.29	1057.59	800.65	721.64	3350.16
坪山新区	352.27	329.63	259.49	317.94	1259.33
盐田区	169.04	245.61	153.03	120.65	688.33
合计	12825.36	14168.02	12546.33	10079.72	49619.43

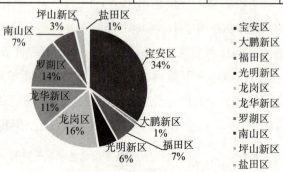

图1-15　2013年未登记私房各区租金对比图

表1-11　2013年未登记私房各区租赁税情况一览表

单位：万元

租赁税	第一季度	第二季度	第三季度	第四季度	合计
宝安区	239.23	229.77	248.20	187.62	904.82
大鹏新区	3.06	2.93	3.91	8.23	18.13
福田区	33.02	36.42	63.07	24.94	157.45

租赁税	第一季度	第二季度	第三季度	第四季度	合计
光明新区	23.05	59.43	44.80	24.04	151.32
龙岗区	82.44	127.84	112.78	111.78	434.84
龙华新区	66.69	87.50	74.83	59.74	288.77
罗湖区	139.68	107.11	58.96	51.17	356.92
南山区	39.25	56.23	43.34	37.94	176.76
坪山新区	19.58	17.69	14.32	17.53	69.13
盐田区	8.13	13.07	7.83	6.36	35.39
合计	654.13	738.00	672.05	529.34	2593.53

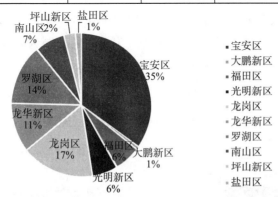

图1-16　2013年未登记私房各区租赁税对比图

（3）租赁当事人

市场主体分析主要是针对未登记私房租赁市场的当事人进行分析。由于深圳市未登记私房出租方比较复杂，大类按个人（包括原村民和非原村民）、原农村集体经济组织（包括村集体股份公司及其继受单位）和其它企业或组织三类进行划分。

2013年，租赁当事人以个人（包括原村民和非原村民）为主，其他企业或组织出租登记备案数量明显增加；承租当事人中个人比例明显增加。

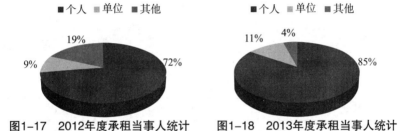

图1-17　2012年度承租当事人统计　　　图1-18　2013年度承租当事人统计

表1-12　未登记私房出租情况统计

单位：个

出租人	2012年出租合同份数	2013年出租合同份数
个人	92644	95981
原农村集体经济组织	6762	6822
其他企业或组织	15103	22034
总计	114509	124837

　　从出租方来看，2012年度，全市114509份租赁合同中，个人出租合同92644份，占比80.91%，出租方为原农村集体经济组织的合同为6762份，占比5.91%，其他企业或组织出租的共15103份，占比1.19%，2013年度存量未登记私房新签租赁合同中，出租方为个人的合同为95981份，占新签合同总量的76.89%；原村集体组织出租合同为6822份，占5.46%；其他组织出租合同为22034份，占17.65%。详情如图1-19、图1-20所示。

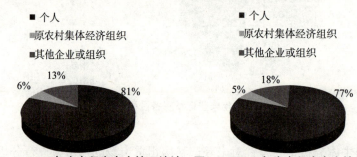

图1-19 2012年度出租当事人情况统计　图1-20 2013年度出租当事人情况统计

　　承租方为个人的105604份，占新签合同总量84.59%；单位承租的14033份，占11.24%；其他承租人的新签合同5200份，占4.17%，各类型当事人的具体数据详见表1-13、图1-21、图1-22。

表1-13　未登记私房承租人情况统计

单位：个

承租人	2012年承租合同份数	2013年承租合同份数
个人	83071	105604
单位	10157	14033
其他	21281	5200
总计	114509	124837

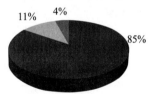

图1-21 2012年度承租当事人统计   图1-22 2013年度承租当事人统计

　　市场主体分析反映出如下特点：（1）未登记私房出租主体以个人为主，原村民集体组织中的比例偏低，这意味着未登记私房的处理、改造、更新与升级，更多是与个人交涉，谈判，沟通时间成本、经济成本高；（2）未登记私房承租主体以个人为主，这在一定程度上说明：当前使用未登记私房从事生产、生活的主体主要是个人，在未登记私房中进行生产活动的主要是小微企业。

　　4. 道路红线违法现状

　　道路红线是市政道路规划部门根据城市规模、道路性质、道路两侧用地和交通流量而划定。未登记私房由于建设初期用地范围未经合法审批程序以及抢建搭建成风，未登记私房压占红线道路情况时有出现，同时由于规划道路红线宽度时未全面考虑红线范围周边建筑密度等原因，全市未登记私房压占道路红线的情况较为普遍，将严重阻碍规划实施、道路建设工作，并给土地整备部门带来巨大压力。

　　（1）压占数量

　　全市未登记私房压占2013年道路红线的约9万栋，占全市未登记私房栋数的23.97%，总建筑面积约11306万平方米，占未登记私房总建筑面积的26.92%，占地面积约3573公顷，占未登记私房总占地面积的27.99%。其中，完全位于道路红线内部的未登记私房有23341栋，建筑面积1091万平方米，占地面积411公顷；只压占道路红线边线的未登记私房有66389栋，建筑面积达10215万平方米，占地面积达3162公顷。具体数据详见表1-14。

表1-14　压占2013年道路红线的未登记私房数量表

未登记私房	全市	道路红线内	红线边线	合计	占全市比
楼栋数(栋)	375443	23341	66389	89730	23.97%
建筑面积（万平方米）	42000	1091	10215	11306	26.92%
占地面积（公顷）	13409	411	3162	3573	27.99%

（2）空间分布

从全市分布来看，道路红线内未登记私房在全市范围内存在，如图1-23所示，从图中可以看出原关外除大鹏新区外，未登记私房压占道路红线现象非常普遍，在原关内，罗湖区也明显存在未登记私房压占道路红线状况。

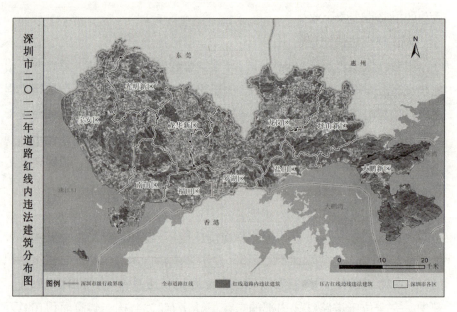

图1-23　2013年全市道路红线内未登记私房分布图

以各区未登记私房完全压占红线内道路情况来看，在宝安区沙井街道和石岩街道，光明新区公明街道、龙华新区观澜街道、龙岗区平湖街道以及南山区南山街道，存在着大量未登记私房完全压占红线内道路的情况，仅以上六个街道，压占2013年道路红线的未登记私房达31624栋，占比35.24%（31624/89730），建筑面积3745.62万平方米，占比33.13%

（3745.62/11306），占地面积1327.3公顷，占比37.15%（1327.3/3573）。其中完全占道未登记私房为10158栋，占比43.52%（10158/23341），建筑面积424.49万平方米，占比38.91%(424.49/1091)，占地面积172.26公顷，占比41.91%(172.26/411)。

（3）压占道路等级

在压占道路红线的未登记私房中，压占一、二、三级道路红线的未登记私房共8772栋，占比9.59%（8772/91437），其中三级道路红线最多，共6945栋，二级道路最少，共473栋。压占四级及以下道路红线未登记私房共82665栋，占比90.41%。未登记私房压占各级道路红线情况详见表1-15及图1-24。

表 1-15 未登记私房压占各级道路红线信息表

未登记私房	四级及以下	三级及以上				合计
		一级道路	二级道路	三级道路	去重叠合计	
楼栋数（栋）	82665	1483	473	6945	8772	91437
建筑面积（万平方米）	10495	172.48	73.89	778.37	1003	11498
占地面积（公顷）	3300	76.76	39.62	237.99	350	3650

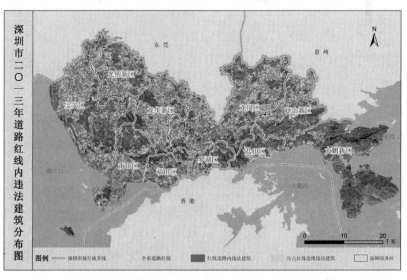

图1-24 三级及以上道路红线内未登记私房分布图

综上所述，相对于商品房销售市场，未登记私房销售已成规模，并逐步公开化，在开发、营销以及金融服务等方面均向商品房看齐。但由于各种原因，关于未登记私房销售市场缺乏全面、准确的跟踪，缺少有效监管，未登记私房销售泛滥，在给国家带来巨大税收财政流失的同时，也是对高价商品房购买者的不公，日具规模的未登记私房交易，给土地规划与管理带来很大麻烦，也扰乱房地产市场的健康发展。深圳市未登记私房的主要特点有：

1. 建设规模大，分布广泛；

2. 形成了自己一套独立的运作体系，脱离政府国土部门管理，形成开发公司自行发放产权证、专业律师事务所见证的制度；

3. 多数未登记私房无小区配置，以独栋或几栋住宅构成；

4. 大多数购买未登记私房者采用一次性付款，少部分按年、季度、月付款；

5. 价格因规模和景观差异而不同，景观好、规模大的价格相对较高；

6. 小区规模、建筑样式、户型设计、价格成为深圳市各区未登记私房销售业绩的主要决定因素，其中尤以价格最为敏感；

7. 大多数未登记私房以出租为主，部分用于销售。

第四节　深圳市未登记私房评估历程

2012年年底，我们首次完成了深圳市未登记私房的评估分区平均单价测算工作，对全深圳市440个规划分区中的住宅、商业、工业、办公、社会公共配套和其他类共计六类房地产进行了一次全面的、开创性的评估，形成了深圳市各类房地产的片区评估单价，对未登记私房的价值评定是一种非常有益的探索，积累了宝贵的经验。

与合法登记房地产评估相比，未登记私房评估存在两个显著特征：一是在合法原则、最高最佳使用原则等方面，需作出假设以符合房地产估价规范相关要求；二是在预期收益原则或贡献原则方面，视未登记私房性质不同而择优选用。对于住宅类、工业类、商业类、办公类未登记私房而言，由于其存在一定的客观收益，且这种客观收益已经得到事实上的认可，如这些未登记私房租赁要定期向相关管理部门缴纳租赁管理费或租赁税等，因此预期收益原则成为评估的基本原则之一。对于公共配套设施类和其他类未登记私房而言，虽然其没有明确的客观收益，但是却存在比较明确的建造成本，因此在不考虑土地价值的前提下，贡献原则成为评估的基本原则之一。

一、方法选择

我们选用基于批量评估模式的收益法来测算片区住宅类、工业类、商业类、办公类未登记私房的平均单价，选用基于批量评估模式的成本法来测算片区公共配套设施类和其他类未登记私房的平均单价，实现对深圳市未登记私房价格评估的全覆盖。

基于成本法的评估，依据未登记私房的建安成本等建造费用估算其价值，但未登记私房所在的建设用地通常是村集体的宅基地或侵占的非法用地，在地价成本方面测算不足。基于收益法的评估，在收益还原率等关键指标度量方面参考了已登记房产的指标，与实际情况仍有偏差。所以，未登记私房的评估工作仍需从市场的角度出发，全面衡量未登记私房本身的价值。

二、模型构建

依据前述评估对象界定和评估方法选择结果，我们选用基于批量评估模式的收益法来测算片区各类收益型私房的平均单价，选用基于批量评估模式的成本法来测算片区各类私房的平均单价，实现对深圳市私房价格评估的全覆盖，满足未来我市房产税征收的税基核定需求。

基于批量评估模式的收益法指的是，以批量评估系统为基础，在系统各流程中融入收益法的基本要素，实现对深圳市片区各类收益型私房平均单价的批量评估。

基于批量评估模式的成本法指的是，以批量评估系统为基础，在系统各流程中融入成本法的基本要素，实现对深圳市片区各类私房平均单价的批量评估。

以前述有关批量评估的基础理论与实践经验为基础，结合深圳市片区各类私房平均单价评估的基本需求，建立基于批量评估模式的收益法（成本法）概念模型如图1-25所示。

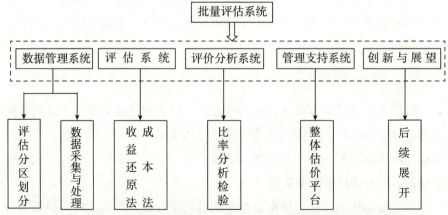

图1-25　基于批量评估模式的收益法（成本法）概念模型示意图

三、技术路线

1. 成本法

成本法批量评估是批量评估模式在非收益性房地产评估中的运用，具体是以成本属性数据等为基础，运用重置成本法批量测算出评估分区各类未登记私房的楼栋单价，进而计算出评估分区各类未登记私房的平均单价。

重置成本法是以在评估时点建造与待估房产相似的、具有相同功效的全新房产所需重置成本为基础，根据待估房产的现时状况进行修正，以求取待估房产评估值的方法，其基本公式为"待估房产评估值=重置价格 × 成新率=（建安成本+其他成本）×（1-折旧率）"。据此，可将未登记私房成本法批量评估的具体步骤划分为：

（1）搜集并确定未登记私房的现时单位面积建安成本；

（2）测算未登记私房的现时单位面积重置价格；

（3）针对所划定的评估分区，采集评估分区内各类未登记私房楼栋的成本属性信息，计算各个楼栋的单位面积折旧值；

（4）用楼栋现时单位面积重置价格减去单位面积折旧值，即可得出评估分区各类未登记私房的楼栋单价集群；

（5）用简单平均法计算评估分区各类未登记私房的平均单价。

未登记私房成本法批量评估的技术路线具体见图1-26所示。

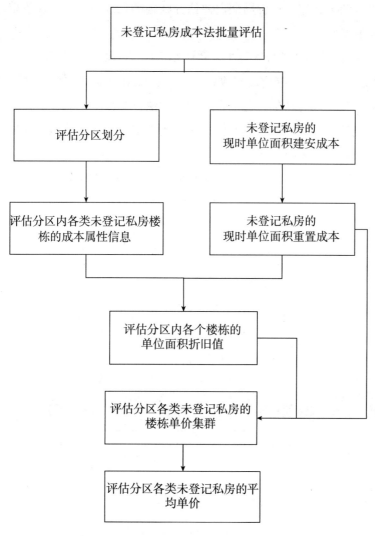

图1-26 未登记私房成本法批量评估技术路线图

2. 收益法

未登记私房收益法批量评估是批量评估模式在收益性房地产评估中的运用，具体是以租赁数据等为基础，在依次测算出评估分区各类未登记私房的楼栋单位面积收益水平集群、评估分区各类未登记私房的平均收益还原率后，运用收益法测算评估分区各类未登记私房的楼栋单价集群，进而计算出评估分区各类未登记私房的平均单价，其具体步骤如下：

（1）针对所划定的评估分区，通过采集评估分区内各类未登记私房的租金收益信息，测算估价周期内评估分区各类未登记私房的楼栋单位面积收益水平集群；

（2）测算适用评估分区各类未登记私房的平均收益还原率；

（3）以上述楼栋单位面积收益水平集群测算结果和评估分区平均收益还原率测算结果为基础，选用合适的收益法计算公式，测算出评估分区各类未登记私房的楼栋单价集群，进而采用简单平均法计算得出评估分区各类未登记私房的平均单价。

未登记私房收益法批量评估的技术路线具体见图1-27所示。

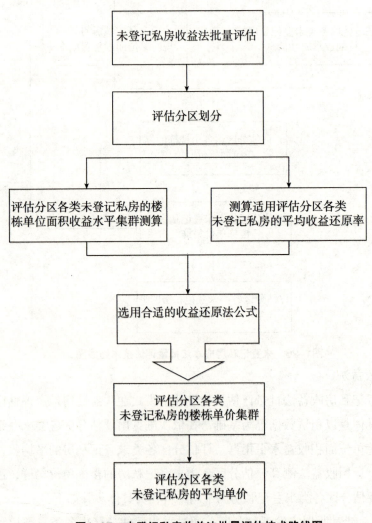

图1-27　未登记私房收益法批量评估技术路线图

四、评估结果

1. 住宅类未登记私房

住宅类未登记私房批量评估对象是存在住宅类未登记私房的所有评估分区。经统计，评估对象共有412个评估分区，共计有251356个住宅类未登记私房楼栋，其中有38855个住宅类未登记私房样本楼栋，每个评估分区约合94个住宅类未登记私房样本楼栋。

评估结果显示，深圳市住宅类未登记私房的均价为4761.99元/平方米，其中：原宝安区均价为3550.60元/平方米；原龙岗区均价为3869.57元/平方米；福田区均价为11446.01元/平方米；罗湖区均价为8206.55元/平方米；南山区均价为8000.90元/平方米；盐田区均价为5677.54元/平方米。

依据上述未登记私房收益法批量评估技术路线，这里选取编号名称为"NS01-02"的评估分区为例，详细阐释评估分区住宅类未登记私房平均单价的测算过程，其他评估分区依此类推。

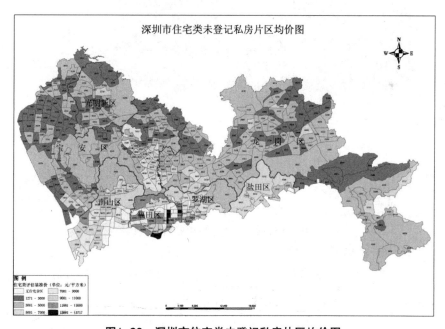

图1-28　深圳市住宅类未登记私房片区均价图

2. 工业类未登记私房

工业类未登记私房批量评估对象是存在工业类未登记私房的所有评估

分区。经统计，评估对象共有340个评估分区，涉及8170栋工业类未登记私房样本楼栋，每个评估分区约合24栋工业类未登记私房样本楼栋。

评估结果显示，深圳市工业类未登记私房的均价为2935.14元/平方米，其中：原宝安区均价为2797.75元/平方米；原龙岗区均价为2255.14元/平方米；福田区均价为10321.65元/平方米；罗湖区均价为7253.07元/平方米；南山区均价为3402.80元/平方米；盐田区均价为4310.36元/平方米。

依据上述未登记私房收益法批量评估技术路线，这里以编号名称为"NS01-02"的评估分区为例，详细阐释该评估分区内工业类未登记私房平均单价的测算过程，其他评估分区依次类推。

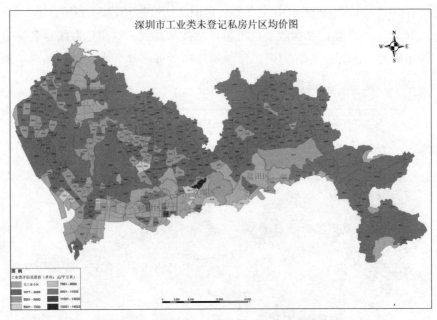

图1-29　深圳市工业类未登记私房片区均价图

3. 商业类未登记私房

商业类未登记私房批量评估对象是存在商业类未登记私房的所有评估分区。经统计，评估对象共有334个评估分区，涉及3733栋商业类未登记私房样本楼栋，每个评估分区约合11栋商业类未登记私房样本楼栋。

评估结果显示，深圳市商业类未登记私房的均价为5402.97元/平方米，其中：原宝安区均价为5380.94元/平方米；原龙岗区均价为3588.70元/平方米；福田区均价为8596.26元/平方米；罗湖区均价为10621.50元/平方米；南山区均价为9318.12元/平方米；盐田区均价为6648.04元/平方米。

依据上述未登记私房收益法批量评估技术路线，这里以编号名称为"NS01-02"的评估分区为例，详细阐释该评估分区内商业类未登记私房平均单价的测算过程，其他评估分区依次类推。

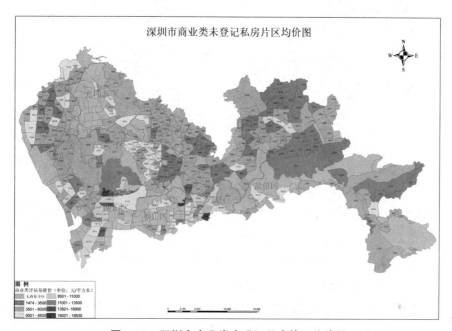

图1-30　深圳市商业类未登记私房片区均价图

4. 办公类未登记私房

办公类未登记私房批量评估对象是存在办公类未登记私房的所有评估分区。经统计，评估对象共有202个评估分区，涉及574栋办公类未登记私房样本楼栋，每个评估分区约合2栋办公类未登记私房样本楼栋。

评估结果显示，深圳市办公类未登记私房的均价为5109.18元/平方米，其中：原宝安区均价为4531.36元/平方米；原龙岗区均价为4619.30元/平方米；福田区均价为8855.80元/平方米；罗湖区均价为9099.55元/平方米；南山区均价为4335.36元/平方米；盐田区均价为9815.70元/平方米。

依据上述未登记私房收益法批量评估技术路线，这里以编号名称为"NS01-02"的评估分区为例，详细阐释该评估分区内办公类未登记私房平均单价的测算过程，其他评估分区依次类推。

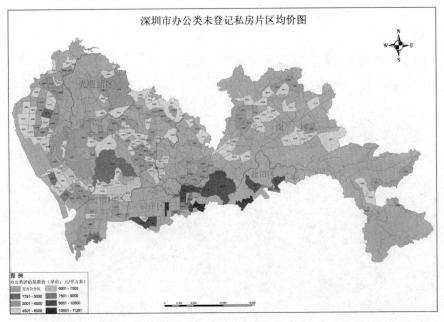

图1-31　深圳市办公类未登记私房片区均价图

5. 公共配套设施类未登记私房

公共配套设施类未登记私房批量评估对象是存在公共配套设施类未登记私房的所有评估分区。经统计，评估对象共有269个评估分区，涉及2072栋公共配套设施类未登记私房楼栋，每个评估分区约合7栋公共配套设施类未登记私房楼栋。

评估结果显示，深圳市公共配套设施类未登记私房的均价为1252.07元/平方米，其中：原宝安区均价为1280.79元/平方米；原龙岗区均价为1272.84元/平方米；福田区均价为1067.49元/平方米；罗湖区均价为1097.62元/平方米；南山区均价为1198.40元/平方米；盐田区均价为1149.52元/平方米。

依据上述未登记私房成本法批量评估技术路线，这里以编号名称为"NS01-02"的评估分区为例，详细阐释该评估分区内公共配套设施类未登记私房平均单价的测算过程，其他评估分区依次类推。

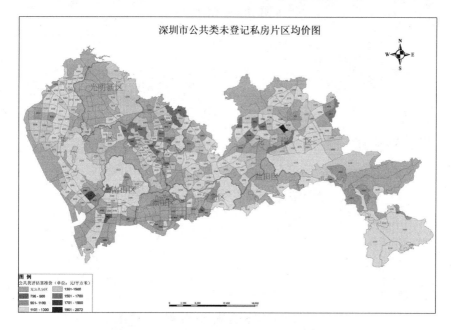

图1-32　深圳市公共类未登记私房片区均价图

6. 其他类未登记私房

其他类未登记私房批量评估对象是存在其他类未登记私房的所有评估分区。经统计，评估对象共有295个评估分区，涉及2152栋其他类未登记私房楼栋，每个评估分区约合7栋其他类未登记私房楼栋。

评估结果显示，深圳市其他类未登记私房的均价为1280.61元/平方米，其中：原宝安区均价为1309.56元/平方米；原龙岗区均价为1286.68元/平方米；福田区均价为1269.20元/平方米；罗湖区均价为1085.00元/平方米；南山区均价为1182.17元/平方米；盐田区均价为1227.62元/平方米。

依据上述未登记私房成本法批量评估技术路线，这里以编号名称为"NS01-02"的评估分区为例，详细阐释该评估分区内其他类未登记私房平均单价的测算过程，其他评估分区依次类推。

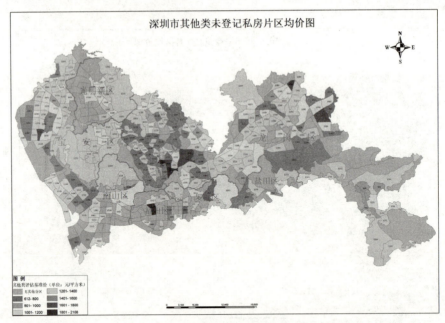

图1-33　深圳市其他类未登记私房片区均价图

第五节　未登记私房整体评估内涵与意义

一、整体评估概述

1. 广义概念

整体评估顾名思义是将评估对象作为一个整体来考虑，与传统个案评估和批量评估不同，是一种统筹兼顾的思想。个案评估针对具体某一个评估单元，评估对象单一具体。批量评估针对小范围的多个评估单元，只是一种同时处理多个目标的手段，并未将评估对象联系起来综合对待。

宏观层面，整体评估认为评估对象之间不是孤立分裂的，彼此是一个相互影响的整体，房地产之间存在动态价格关联关系。在市场稳定的情况下，此关联关系在一段时间内保持相对稳定。此关联关系打破了传统评估案例选取的空间地域限制，使得不同小区、不同街区之间的房地产具有可比较性。

微观层面，对某一区域房地产市场而言，也可视其为一个整体，区域内房地产价格相近、品质相似，不同区域则有明显的差异性。所以区域内的房地产比区域外的联系更紧密，依此形成一个分区分层的网状评估结构。评估前利用统计学方法对所有评估对象进行衡量判别整理，综合考虑房地产的实物因素、区位因素，划分评估集合，计算集合内部、集合之间的影响数值。

整体评估将传统评估和批量评估结合，不拘泥于某一种评估方法，可根据实际情况选择比较法、收益法、成本法等。同时融入批量评估的思想，利用特征价格模型量化房地产的价格构成。与批量评估的单纯数学回归不同，整体评估不是影响因素的简单堆砌捏合，而是充分考虑每个影响因素存在的确切价值，从而使模型更具有解释性。整体评估也不只是针对房地产价格，也可以评估租金。评估区域可以是片区、街道、行政区甚至扩展到全市。可见整体评估是一种理念，基于房地产之间的关联关系，不局限于方法、结果、区域。

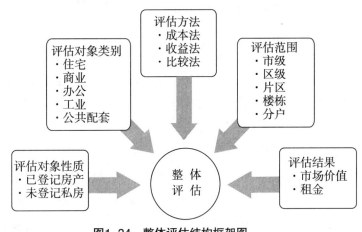

图1-34　整体评估结构框架图

2. 狭义概念

具体到实际操作，整体评估是指整体估价模型，它包括可比案例、比价关系、评估集合等关键要素。该模型采用使用估计技术，将初始模型得到的房地产价格与市场价格不断进行比较，通过调整模型内部参数以不断适应市场价格，使参数体系不断完善，日趋精准。整体估价模型的核心是价格比较，市场成交价格能最直接反映房地产之间的差异，因此选用比较法最合适。具体流程为在每个楼栋内挑选一个典型的房地产单元（标准房），建立评估集合之间、集合内各楼栋之间、楼栋内房屋与标准房之间的比价关系，选取合适的案例求取标准房价格，进而通过比价关系求取每个评估单元的价格。其主要特点有：

（1）建立"城市—评估集合—楼栋—房屋"多级比价结构

（2）通过标准房的评估和比价关系的建立，实现对所有房屋的全覆盖，极大地提高评估效率

（3）比价关系与评估集合随时间变化适时调整，保证评估模型符合房地产市场发展的规律。

二、未登记私房整体评估内涵

本书着眼于未登记私房房产本身，不考虑其在政策法律上的不确定性，寻找合适的估价方法来评估未登记私房本身的市场价值。未登记私房的交易行为客观存在，其实质也是一种市场行为，由交易双方共同决定交易对象的价值。因此在本书中，充分考虑市场交易行为对房屋价值的度量，而未采用房屋的建造成本作为评估价。

本书主要有以下几个方面：

第一，未登记私房评估的背景。厘清现实生活中的客观需求，阐述未登记私房评估的背景，从政府和民生两个角度分别探讨未登记私房评估的必要性和迫切性。同时通过对未登记私房现状的梳理，归纳其特征，总结出评估的体系框架和技术路线。

第二，未登记私房数据的收集与管理。与已登记房产不同，未登记私房的数据获取十分困难。经过不断试错和情报收集，我们探索出调查六步走的套路，充分使用了地理信息系统GIS、移动导航街景和GPS技术、卫星影像对地观测RS技术。通过锁定目标、制订计划、内业准备、外业定位、数据处理、一楼一档准确找到目标楼栋，搜集相关信息并整理归档，为未登记私房的评估打下坚实基础。

第三，未登记私房整体评估。之前对未登记私房的评估多为个案评估，评估价格多为片区价。本书将整体评估的方法引入未登记私房评估工作，通过建立评估分区、楼栋、房屋之间三层比价关系，结合市场上的交易案例求取待评估房屋的比准价格，由此一次性评出全市所有未登记私房

房屋的价格。

第四，未登记私房的应用与推广。本书以深圳市为例，依照建立的评估体系和方法流程，作出未登记私房的评估实践，检验评估过程的合理性及评估结果的准确性，为未登记私房评估的推广应用打下良好基础。

三、未登记私房整体评估意义

从本章第三节中深圳市未登记私房的统计数据看，未登记私房的土地利用效率较低，虽然私房占全市建筑物的半壁江山，但税费贡献较低，随着经济的发展，未登记私房的收益会越来越高，关于其拆迁补偿收益预期会越来越高，围绕着土地增值收益的博弈将更加激烈，这会进一步加大处理整治的难度。因此，对未登记私房的处理需要纳入政府统一监测和监管，也成为城市建设和国土规划中无法回避的紧迫问题。

根据《中华人民共和国城乡规划法》第 64 条的规定，"对未取得建设工程规划许可证或者未按照建设工程规划许可证的规定进行建设的行为"依法作出罚款的行政处罚决定，必须以建筑工程造价为基础计算具体的罚款数额。目前市、区监察机构在查处未登记私房作出罚款的行政处罚决定时，往往因缺乏权威的建设工程造价数据而导致违法建筑查处工作无法顺利有效进行，于是不得不委托市场评估机构评估该案件的工程造价。然而市场评估机构并未全面掌握全面的规划土地查违的海量数据，往往采取"一案一评"的评估模式，这种评估模式不仅拖慢了查违工作的进度，也影响各级党政干部履行职责的效率，导致监察机构面临超时问责的局面。例如位于宝安区松岗街道深圳海王集团股份有限公司所属的 A403-0004 号宗地上的 18 栋建筑物，未按照原《建设用地规划许可证》建设，属于违法建筑。该案件在作出罚款的行政处罚决定时，由于缺失该违法建筑的工程造价数据，于是委托估价机构进行评估。然而估价机构从接受委托、搜集违法建筑基础数据、查看现场到最后出具正式的估价结果，共花费了两个月时间，严重影响查违工作效率。

在土地管理制度综合改革背景下，城市更新与土地整备是规划国土管理工作中两项重要工作。城市更新是对特定城市建成区（包括旧工业区、旧商业区、旧住宅区、城中村及旧屋村等）内进行综合整治、功能改变或者拆除重建的活动。而土地整备是立足于实现公共利益和城市整体利益的需要，综合运用收回土地使用权、房屋征收、土地收购、征转地历史遗留问题处理、填海（填江）造地等多种方式，对零散用地进行整合并纳入城市土地储备的活动。因而，在城市更新与土地整备工作中都涉及到对未登记私房的处理。且由于监管机制的缺失，对未登记私房的处理往往成为城市更新与土地整备工作的重要内容。因此，亟需开展对未登记私房价格的评估，以推进城市更新与土地整备工作，强化规划国土管理工作。

目前房地产评估行业的业务对象绝大部分都为已登记房地产，而在未登记私房价格评估方面基本处于空白。国内在未登记私房价格评估方面的实践经验也仅仅体现在个案拆迁评估或个案查处评估两个方面。具体到深圳市而言，在对未登记私房价格进行个案拆迁评估时，是通过比较法或收益法评估出完全产权条件的市场价值，然后根据房屋的不同性质，扣减相应罚款和应补地价，以确定未登记私房价格；在对未登记私房进行个案查处评估时，是通过测算建筑物工程造价来评估出未登记私房价格。相对来说，上述这些实践经验较为适用于规模较小的未登记私房价格评估工作，而对于大批量、大规模的未登记私房价格评估来说，尚需引进批量评估技术、整体评估技术等先进估价模式。通过整体评估的方式对未登记私房进行评估，其意义主要有：

1. 拓宽房地产评估对象及税基评估范围，从单一的已登记商品房扩展到所有已登记和未登记房产，实现房地产评估对象的全覆盖；

2. 全面普查房地产税税源，摸清每套未登记私房的具体位置和租售现状，为我国房地产税改革奠定基础；

3. 通过批量评估和整体评估，一次性实现对整个城市范围内的未登记房产估价，改进传统的"一案一评"，极大提升评估效率，提高评估结果的实用性；

4. 结合大数据，配合政府科学调控管理房地产市场和居住人口，合理规划产业与居住配套布局，助力城市发展品质的提升。

第二章 未登记私房评估理论与体系

第一节 理论基础

一、价格形成理论

房地产是一种特殊的商品，要真正掌握其价格的形成，有必要全面了解其价格形成理论，并作具体分析。关于商品价格形成，主要有四种理论。

1. 供求决定论。

供求决定论认为市场上商品的价格不是事先规定的，而是根据市场上供求情况的变化，由买卖双方协商决定的。

2. 劳动价值论。

劳动价值论认为决定价格基础——价值的是劳动，价值的唯一源泉是劳动，商品的价值实体是抽象劳动。劳动价值论还指出商品价格只是商品价值的货币表现，供求关系不能决定价值，只能影响价格，使价格围绕价值上下波动。

3. 效用决定论。

效用决定论认为一切商品的价值取决于它们的用途。

4. 收益决定论。

效益决定论认为商品之所以有价值，是因为能在较长时间内给商品所有者带来一定收益，这些收益通过一定方法折算为现值就是商品的价值。

价值理论是房地产估价的基石。没有价值尺度，任何估价都会陷于空泛，丧失公允性，失去可信度以至失去估价的意义。因此，房地产估价是以价值理论为依据，并将其在技术层面上概括为估价的手段和方法，估价实践操作则必须在一定的价值观念的指导下进行，遵循一定的价值准则。

价值观念源于比较，而比较的目的在于交换。因此，价值存在于商品交换的经济活动中，估价也不能脱离商品交换这种制度性背景而存在。

二、替代原理

替代原理也称比较原理，是经济学中以消费者正常和理性的消费行为为基础而形成的基本原理。作为市场中特殊商品的房地产，其价格的形成同样遵循"替代"这一经济学原理。市场上具有替代性的房地产价格形成同样具有趋同性，即同一市场上若同时存在两宗或两宗以上效用相同或相近的房地产时，在市场机制的作用下，其价格是趋于一致或相近的。在现实房地产交易中，任何理性的买者或卖者，都会将其欲买卖的房地产与类似房地产进行比较，买者不会接受比市场上正常价格过高的价格，卖者也不会同意以比市场上正常价格过低的价格成交，众多买方和卖方比较的结果，是使市场上类似房地产的价格相互牵掣，相互接近，从而形成均衡的价格体系。

从许多房地产产品之间相近、相似和相同的特点来看，房地产是适用替代原理及与之相对应的市场估价法的。房地产产品特别是其中的土地与工业品不同，具有个别性、非均质性。但是，在同一个市场上往往存在着具有相同使用价值和相同质量，即效用相同或相近的房地产，其空间位置相近、类型相似和用途相同，因而具有较大的替代性。与前面指出的同类可替代商品之间价格的趋同性一样，可替代的同类房地产市场竞争的结果，也会使他们的价格趋同或者形成相对均衡和稳定的比价关系。因此，可以根据替代原理，根据同一市场上已经成交的类似房地产价格，经过房地产特征比较，通过适当修正调整后，就可以用已成交的类似房地产价格替代估价对象房地产的价格。

从理论上讲，效用相等的房地产经过市场的竞争其价格最终会基本趋于一致。正是因为在房地产价格形成中有替代原理的作用，所以在进行房地产评估时，评估对象的未知价格可以通过类似房地产的已知成交价格来求取。当然由于在现实交易中存在着交易者的心态、偏好、对市场的了解程度等情况的不同，现实生活中的某一宗具体的房地产交易的成交价格很有可能是处于偏离平均市场价格，但是，若存在较多数量的交易范例，则他们的交易价格可以作为平均市场价格的参考指数。这一点是基于"人数法则"，该法则也称人数定律，是随机现象中的基本规律。

三、预期原理

预期是一种决策，基于对未来的判断，从而决定当前的行为。适应性预期认为经济人的预期建立在对历史事件的反映上，比如说价格预期。

估价方法之一的收益法即是建立在预期原理的基础上，收益法认为决定房地产当前价值的，重要的不是过去的收益而是未来的收益。虽然过去的收益与未来的价值无关，但过去的收益却是预测未来收益的主要参考依据之一。通俗地讲，收益法的基本原理就是假定估价时点是现在，那么在现在购买一宗有一定期限收益的房地产，预示着在未来的收益期限内可以源源不断地获取净收益，如果现有一笔资金可与这未来一定期限内的净收益的现值之和等值，则这笔资金就是该宗房地产的价格。

第二节　估价原则

房地产估价的原则是人们观察、分析处理房地产价格评估问题的准绳。从这个角度就不难理解为什么房地产评估的专著中提到的估价原则多达近20条。其实估价师根据房地产估价的理论结合自己的实践总结出新的估价原则也是不足为奇的。不同的原则来自于不同的出发点，它们都符合原则准绳的标准要求，原则之间是会有矛盾的，但彼此互不对抗，在解决问题的过程中它们的目标是同一的。解决一个问题往往会用到多条原则，人们在原则问题上首先得到了统一，因此原则往往是叠加使用的，以排除法显露其效用。中国房地产估价师培训教材中要求掌握的六条主要原则，即合法原则、最高最佳使用原则、供求原则、替代原则、估价时点原则和公平原则。假如以一个实圆为价格评估问题域，六条估价原则同时起作用，它们之间的关系则如图2-1所示：

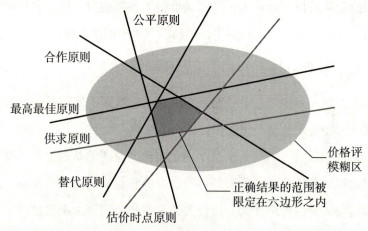

公平原则

合作原则

最高最佳原则

供求原则

替代原则

估价时点原则

价格评模糊区

正确结果的范围被限定在六边形之内

图2-1 估价原则示意图

估价原则的合理运用是保证房地产价格的评估活动朝着正确方向运动的重要保证。主要的房地产估价原则有：

一、合法原则

合法原则要求估价结果是在依法判定的估价对象状况特别是权益状况下的价值。合法原则中所讲的"法"，是广义的"法"，不仅包括国家及地方发布的司法、规章和政策，还包括估价对象的不动产登记簿、权属证书、有关批文和合同等。房地产状况不同，特别是权益状况不同，评估价值会有所不同。

遵循合法原则并不意味着只有合法的房地产才能成为估价对象，而是指依法判定估价对象是哪种状况的房地产，就应将其作为那种状况的房地产来估价。因此，集体土地不能当作国有土地来估价，有限产权或部分产权的房地产不能当作完全产权的房地产来估价，从理论上讲，任何状况的房地产都可以成为估价对象。

依法判定的估价对象权益，可分解为依法判定的权利类型及归属，以及使用、处分等权利。具体地说，应做到下列几点：第一，依法判定的权利类型及归属，是指所有权、建设用地使用权、地役权、抵押权、租赁权等房地产权利及其归属，一般应以不动产登记簿、权属证书以及有关合同等为依据。第二，依法判定的使用权利，应以土地用途管制、规划条件等使用管制为依据。第三，依法判定的处分权利，应以法律法规和政策或合同（如国有建设用地使用权出让合同）等允许的处分方式为依据。第四，依法判定的其他权益，包括评估出的价值应符合国家的价格政策，如评估政府定价或政府指导价的房地产。

二、最高最佳使用原则

最高最佳使用原则要求房地产估价结果是在估价对象最高最佳使用条件下的价值。最高最佳使用是指法律上许可、技术上可能、经济上可行，经过充分合理的论证，能够使估价对象的价值达到最大化的一种最可能的使用。

原则要求房地产价格评估要以房地产的最高最佳使用为前提。假如不以最高最佳使用为前提，不是被评估的房地产在合法使用前提下能带来最高价值使用的那种状态价格，房地产将有许多不同使用用途下相应的价格。最高最佳使用原则帮助解开房地产价格的迷津，合理判断出唯一正确的房地产价格。最高最佳使用原则以合法原则为前提，估价的结果应当确保估价对象最高最佳使用的合法实现。

三、供求原则

该原则表述了房地产的商品价格特性，其价格与供给量成反比，与需求量成正比。作为房地产的价格，当生产费用价值论、效用价值论的预期原理均不能解释其价格时，供求原则揭示的强大力量会帮你解开谜团。

在1998年，当时的《房地产报》将根据管理部门的要求，对行业管理所取得的信息，拟定期编发上海二手房价格信息和相应的指数。为此，管理部门的分管人员组织了小范围的座谈和研讨，并揭示当时房地产市场情况：二手房市场的房价与新建商品房市场相比远低于其使用价值所体现的价格。一般认为二手房市场的房价与新建商品房市场的房价之间客观上存在着一定的定量换算联系。在成熟理想的房地产市场二者在价值的尺度上、价格的体现上将得到统一。当时二手房市场房价偏低是由供求关系决定的。目前二手房市场的房价偏高，不少地方出现二手房单价高于同类新建商品房单价的情况，也是由供求关系决定的。总价20万元左右一套的二手小房型价格偏高也是由供求关系决定的。上海市西郊同一地段的大房型比小房型单价高出1000元/平方米的情况，也是由供求关系造成的，当然这里不排除由于差异性商品造成的不同供求所引致的价格差异，这些都是供求关系造成的。供求关系是市场维系动态价格平衡的基础，供求原则对客观合理地判断房地产价格是十分重要的解读器。

四、替代原则

该原则是根据在同一个市场中具有相近效用的房地产，应当具有相近的价格，具有相近价格的房地产，应有相近的价值效用，这样一种推断的方法准绳。替代原则的应用，为类似比较法的使用，即让人们从已被认识的客观事物出发与新事物比较，通过认识两者之间的差异去掌握新事物的简便方法的运用创造了条件。比较法，实际上也是一种类似比较，是类似比较透视市场交易行为的一种方法。一般的类似比较法包括类比基础、类比元和类比接口三部分组成。类比元是根据类比基础资料整理抽象成的适于比较换算的元素，而接口资料提供的是纵横向换算的共同基础。通过类比换算完成替代，也就是在房地产价格评估的市场比较中运用替代求取估价对象的市场价格。

五、估价时点原则

有人说一个估价报告对应一个估价时点，或者说一个估价报告只能有一个估价时点。其实不然，实际上房地产的每一个价格都有相对应的时点；任何一个时点都有一个对应的价格，两者是不可分离的。做动态抵押、全期评估报告时估价的时点是整个借贷和清偿期，占了一条横坐标。在整个借贷和清偿期每一个对应的时点，抵押物都有一个抵押价值。每一个时点都还存在着一个要多小有多小的时点域，对应的是抵押物各种不同组合所显露出来的抵押物的不同价值，其中最不利的组合就是这一时点域中选取的抵押价值。这是时点的确定性与价值的不确定性问题的例子。

房地产市场既然叫市场自然有起有落的，房市的价格随市波动，对确定的价格，不确定的时点来说一起一落同一个价格至少存在着两个时点，对一个相对平稳期的价格就可以通过更多的时点去截取相同的房市价格。估价时点原则是将动态的房地产价格，锁定在静态的时点上，为评估房地产的价格提供静态的分析点和确定的明确的参照物系。例如在拆迁估价中，不论是被拆迁房，还是安置房都锁定在房屋拆迁许可证批准的时点上，它们虽然分布的空间位置不同，但在时间的结合点上都是一致的。时点截取的房市断面价格水平的一致性也体现了动拆迁及安置价格结算的公平一致性。

六、公平原则

原则要求房地产估价必须站在公正的立场上，求取客观合理的房地产评估价格。其实公平并不同于天平，天平只要两头平，公平之平甚至超出了三维的问题。公平原则涉及广泛而又深层的问题。如对抵押的在建工程估价，双方的权利界面则应以可让渡为公平，而不是看其房地产形态；对动拆迁房屋和安置用房的价格评估以时点的一致性为公平，并以被拆迁房屋的登记权利灭失为公平；房地产价格的评估值以客观合理为公平，以能有效地调节买卖双方的经济利益和权利为公平，以合法使用前提为公平，以最高最佳的使用为公平，以能符合市场供求为公平，选取的比较案例以能有效地替代为公平。大凡公认的房地产估价原则都是体现公平、维系公平的。

房地产价格评估的原则，其作用是以整体效用的发挥限定了其正确合理的结果域，调整着方方面面的关系，调节着价格的平衡。在原则叠加作用的过程中，某项原则（例如合法原则）对确定房地产评估价格合理区间的独立贡献，在于被其排除的沿价格域方向形成的三角形区域（如图2-1所示）内的价格，即如果"价格评估的模糊区域"中所有的价格都满足该条原则，或者是不考虑这条原则，则从原则角度确定的合理价格，增加的合理价格域仅限于增加图示该原则排除域中的三角形内的价格区域而已。

第三节　一般技术

一、计算机辅助批量评估技术

国际财产征税评估人员联合会（International Asso ciation of Assessing

Officers，简称IAAO，下同）于2002年制定《批量评估准则》，其对批量评估的定义为，批量评估是指在给定时间，使用标准方法，采用共同的数据，并考虑统计检验的对一系列房地产进行评估的过程。

国际评估准则(IVSC，2005)将批量评估定义为："应用系统的、统一的、考虑到统计检验结果和结果分析的评估方法和技术评估多项财产确定日期价值的活动。"USPAP(2006)中对批量评估也有类似的表述。

批量评估一个重要的特性在于它将大量的计量、统计检验等数学工具纳入评估过程。在应用计量工具（特别是多元回归）的时候，批量评估方法认为所要评估的不动产(财产)的价值受到众多因素的影响，这些因素包括房屋的面积、朝向、建筑结构等，而通过对已有房屋特征数据及价值数据的分析，可以计算出每一个特征对房屋价值的贡献程度（对应于批量评估计量模型中的各个变量的系数值）。在得到计量模型中的各个变量的系数之后，就可以将需要评估的不动产的各个特征输入模型中，从而在一次评估中对多个不动产的价值进行评估。

计算机辅助批量评估法 (Computer-Assisted Mass Appraisal，简称CAMA)是应用统一程序及统计学知识系统的估价大量房产的一种方法。CAMA评估法一个重要的前提是要建立庞大的数据库并利用事先编好的标准计算机程序进行运算，自动估价并输出最后结果。尽管这一方法20世纪20年代在美国就开始运用，但直到20世纪70年代随着计算机科学的迅猛发展，这一方法才被迅速加以推广开来。CAMA评估法是以传统的成本法、收益法、比较法等估价方法为基础，借助现代计算机强大的储存和运算功能来完成的。与传统的评估方法比较，批量评估方法最大的优点是：批量评估具有快速评估与成本较低的优势，这也是批量评估的初衷。批量评估能够实现低成本、高效率地完成大规模目标资产的价值评估任务。伴随着计算机应用的普及，批量评估近年来实现了快速发展。

在当今的房地产税基评估理论研究中，针对批量评估方法与技术的研究是最多的，批量评估的方法和技术也随着统计学和计算机技术的不断成熟和发展而日新月异。IAAO(2003)系统总结了现有的主流的批量评估方法与技术，比如经典的多元回归分析法（Multiple Regression Analysis，MRA），时间序列法（Time Series）以及后续发展起来的适应性估价技术（Adaptability Evaluation Procedure，AEP）、人工神经网络（Arificial Neural Network，ANN）、粗糙集理论（Rough Set Theory，RST）、模糊算法（Fuzzy Logic，FL）及自组织映射法（Self-Organizing Map，SOM）等。而本书的核心内容"整体估价法"就是在已有批量评估方法的基础上，结合国内房地产评估基础和条件而构造的一种批量评估方法。

1. 多元回归分析法

多元回归分析方法是根据变量之间的价值关系，建立房地产价格与其影响因素的模型，然后采用恰当的回归方式获得影响因素与房地产价格的关系，由于多元回归技术已经十分成熟，模型的操作性较强，而且回归结果易于解释，该方法是目前应用最广泛和最经典的方法。

根据模型假设条件的不同，多元回归方法也有经典多元回归和非经典多元回归之分，非经典多元回归方法在模型假定上比经典多元回归更为宽松。

（1）经典多元回归分析方法

经典多元回归分析方法对数据特征的要求比较严格，比如变量满足经典假设中的独立抽样，误差项是球形扰动分布（独立性和同分布性），误差项服从正态分布，无多重共线性等。满足以上假设条件的线性回归模型，通常可得到模型的最优线性（如果模型是线性）无偏估计量。

多元回归分析方法根据模型的设定形式不同，分为线性回归和非线性回归两种，目前应用最广的是线性回归分析方法，该方法是在模型设定为线性形式的前提下，采用经典的OLS回归方法估计模型参数。非线性多元回归在模型设定形式上比线性回归方法更为灵活，沃德（Ward）和斯蒂尔（Steiner）的研究表明在CAMA（Computer-Assisted Mass Appraisal）系统中非线性回归方法比传统的校准技术更具优势。但我们认为，线性回归和非线性回归方法并无绝对的优劣之分，两种模型表达的变量含义不同，模型形式不同，一方面，如果变量关系确实是线性，那么采用非线性的模型形式显然多余，而且增加了估计的难度；另一方面，非线性模型的形式比线性的更为复杂，即便其校准得到的结果比线性回归好，估计过程中所增加的经济成本是否超过由此带来的收益？因此，本书重点介绍更为主流的线性多元回归分析方法。

根据模型的假设条件，经典多元回归模型表述为：

$$y=X\beta+\varepsilon$$

其中，y为交易价格（买卖价格，或租金等），X是包含常数项在内的影响房地产价格的属性变量，β为对应变量的系数，ε为满足独立正态同分布的干扰项变量。上述模型为经典的多元回归模型，该模型只需采用OLS估计方法进行回归即可。

（2）非经典多元回归分析方法

模型的OLS回归方法应用广泛，但是没有考虑样本的空间相关性和空间异质性，如果房地产属性变量与房地产价格之间的关系存在空间溢出，或变量关系随样本的空间分布而变动时，传统模型的回归结果将有偏，甚至有误，不能直接用于回归结果的推断（安瑟伦 Anselin, 1988）。因此，安瑟伦（Anselin, 1988）等人提出了处理变量空间相关效应的空间自相关模型，布鲁斯登（Brunsdon）等人（1996）则提出处理空间异质性的地理加权回归模型（Geographically Weighted Regression，GWR）等。

根据空间自相关形式的设定不同，空间自相关模型包括空间滞后模型和空间误差模型。空间滞后模型的表达形式如下：

$$y=\lambda Wy+X\beta+\varepsilon$$

其中，W是N×N的空间权重矩阵（通常采用0-1表示的空间相邻矩阵，如果两个样本空间相邻，则对应的空间权重矩阵值为1，否则为0），λ是空间自相关系数，用于测度邻居样本的价格对观测样本价格的综合影响。

MRA方法在批量评估中的重点应用对象是房地产特征价格模型，该模型不仅需要满足多元回归模型的基本假设，还需要假设市场无摩擦、消费者和生产者理性等。其标准做法是先建立房地产特征价格线性模型，然后采用MRA方法，分离出模型中解释变量对被解释变量的影响系数，最后再利用这些系数估计不同房地产价格。但是基于MRA的特征价格模型法并不适用于所有形式的房地产，因为特征价格模型难以包括所有可能影响房地产价值的因素，而且有些房地产类型的数据无法获得，难以保证数据的详尽（汤姆和毛里齐奥 Tom and Maurizio，2008）。

2. 时间序列技术

多元回归方法和AEP方法通常都需要大量的样本，而且样本量越大对两种方法所得结果可能更为有效。但如果所得截面样本数据量较小，或对某个房地产价值进行历史趋势的拟合时，多元回归方法可能并不理想，此时可以采用时间序列分析方法。

时间序列方法假定经济和社会现象的产生都具有周期性（历史是会重演的）、延续性和随机性，即事物的发展都具有某种规律，因此可以通过历史来预测未来，但同时又受到一些随机因素或外生冲击的影响，为了更准确地预测事物的未来状况，就需要采用恰当的技术，以剔除随机因素对预测的影响，从而尽可能地保证预测的准确性。

总体而言，房地产评估工作中主要涉及以下四个时间序列方法(IAAO 2003)：

（1）对单位价值的评估。长期跟踪单位售价随时间出现的变动（比如住宅房地产每平方英尺的售价），虽然该方法很容易理解，也容易操作，但该方法无法解释其他变量对价值的影响，比如特征变量中的楼龄、建筑质量等。

（2）对重复销售的分析。该方法用于研究在给定时间内出现重复销售的对象，此时的价格变动通常转换成月度变动和平均（或中位数）变动。由此可知，重复销售样本量越多，对变动比率测度的结果越可信。当然，如果重复销售反映的是包含大量建筑物的房地产，则可能会过高估计变动比率。

（3）销售、评估价的比率趋势分析。该方法包含跟踪某一共同时期销售价格和评估价格比率的变动，该方法的结果和单位价值评估一样，可以通过图形和统计分析表示出来，而且比单位价值评估具有更多的优势，该方法可独立出时间趋势，因为该方法解释了大部分价值的影响因素。

（4）销售比较模型中设置时间变量。时间因素可以直接包含在模型当中，比如AVM模型，从而挖掘评估时期内房地产价格的变动比率。这通常是最精确的方法，但是建模者需要很小心，因为时间变量是特定的，因而模型的估计系数必须反映对应评估时期的情况。

时间序列方法在以上的（1）—（3）三种情形中的应用更多的像统计分析，而不是类似于情形（4）的回归分析，因为在回归分析中往往需要保证数据的平稳性，从而不平稳的时间序列数据往往限制了回归分析的应用。

二、房屋价格指数

目前，中国的房地产处于高速发展时期，全国的房地产市场价格变化速度较快，特别是在经济发达的地区。在实际评估时，为了修正到估价时点，估价师应用目前市场上公布的中房指数、二手房指数对房价进行必要的修正时，经常发现修正价格与实际价格存在较大差异。现在评估行业所普遍面临的重要问题之一就是在市场上寻找到一个更适用的公开房产交易信息平台和指数产品。

随着房地产市场的快速发展，力图反映市场走势的各类指数也日益增多，除较早的中房指数、国房指数外，还出现了上海、深圳、沈阳等许多地方指数以及证券公司、银行等推出的地产指数，甚至也有媒体推出了房地产指数。一时之间，指数好像成了把握市场的良药。事实上，目前国内大多数指数体系不论是在理论架构或实践应用等方面都处于起步阶段，在样本数据的取得、指数公式的选择、指数的具体测算以及指数的应用等方面都存在着这样或那样的问题。

在一些经济发达、房地产市场成熟的国家或地区，已较早地涉足房地产价格指数这一领域，并积累了较为丰富的经验。在这些成熟的市场，一般存在四类房地产价格类的指数：

1. 全国性的官方指数。对于城市房地产市场来说，基本上有三个全国性价格序列：中国国家统计局(NSB)发布的房地产价格指数、土地价格指数、还有NSB分支机构公布的名义建筑材料价格。这些指数直接从国家统计局获取数据，比较宏观，目的是对中国的整体房地产市场进行了解，指导中央和地方政府对房地产市场的宏观调控。

2. 媒体提供的指数。这一类指数一般由媒体和网站完成并发布，按照不同城市进行编排。但是由于这类指数往往在样本的选取，计算过程和结果的透明程度方面存在一定问题，影响最终结果的可信程度。

如中房上海住宅指数的样本选取量较少，人为的主观因素很多，有时也会受到某些商业因素的影响，相比同期的新房涨幅，该指数在应用中被证实不能准确地反映市场客观情况。举例来看，2003年4月中房上海住宅指数为911点。2005年2月中房上海住宅指数为1376点，反映出上海房价增长了 76.8%。而以我们对房地产价格变化的实际情况了解，在这段时间内，上海的房价平均涨了一倍(有些地区涨幅更高)，也就是100%。这种差异的形成应该是由其指数理论和应用模型等内在原因造成的。

上海二手房指数的样本选取带有一定的主观性和局限性，50家中介公司的数据不能代表全上海的特征。反映在数据上，如2001年11月30日起的基点为1000点，而到2005年2月指数也才只有 1611点，这61%的涨幅与上海市近几年来房价上涨将近两倍的情况相去甚远。

3. 房地产中介公司提供的指数

如伟业、中原、泛城等公司也推出房地产指数，由于样本量局限于自己公司，一般不具备普遍的代表性，其目的主要还是为了市场推广和品牌的树立，对专业评估机构的适用性较差。

4. 中国房地产市场中立机构提供的指数

中国目前比较欠缺此类指数。从国外的情况看，往往由市场研究公司或者协会提供，他们能够综合各类市场情况，选取具有代表性的样本，作出有实际意义的指数体系。既能给买房者起到指导作用，也能用于对市场价格变化的定量判断。

房地产市场目前还没有专门用于房地产评估的，能够及时、客观地反映市场情况的指数。随着房地产评估的发展成熟，以及征收物业税提上日程，房地产评估行业急需可以专门用于房地产评估领域的市场价格指数。

从国外的经验来看，成熟的指数符合以下条件：

（1）采样数据的样本基础大，公开性、时效性、代表性强；

（2）指数系统的所有计算过程完全透明，数据筛选和分析具有合理性；

（3）符合房地产评估应用的要求，充分反映市场整体房地产价格走势，能够定量分析市场的变化；

（4）结构开放，使用不同的数据集合如挂牌价、成交价等，均可得出相应指数，并且整个系统提供许多相应计算工具的应用条件说明，可以方便地用于房地产评估领域。

一套成熟的指数体系对各类机构和个人都将有很大意义：

1. 反映市场走势

价格指数可以反映重要城市的房地产市场整体行情变化，也可以反映出不同物业类型变化情况。指数变动可以清晰地描绘出市场发展的周期轨迹，甚至可以预测未来市场走势。由于房地产市场是整个国民经济的重要组成部分，房地产指数的变化轨迹，也往往能够反映宏观经济的状况。正是由于指数具有深刻把握市场的能力，对管理、投资、中介服务等能够产生重要指导作用，才能够成为研究市场的重要工具。

2. 指导业界活动

各级政府可以利用指数了解全国房地产业发展状况和行业结构，从而为调控全国各行业结构和引导行业发展服务。同时，通过城市指数，各级政府还可以了解各地房地产的供求情况，并通过各地指数的对比，了解各地房地产业的发展水平，为调整房地产业的地区结构提供参考。另外，各级政府也可以通过地区房地产指数与其他行业发展水平的对比，掌握其行业的均衡发展的情况。对于地方政府管理部门，除了对行业发展速度进行调控外，还可以通过与各地指数的对比，了解本地房地产业在全国房地产市场中所占的地位，更好地做好本地房地产业的发展决策。

对投资商，房地产指数可以使他们及时了解中国房地产业的整体状况和内部结构及其发展状况，提高其投资时机、投资结构决策的准确程度；中房城市指数可以使他们了解到各城市房地产市场的不同供需状况，在地点选择和物业选择上为之提供帮助，减少投资风险；通过中房指数的动态比较，可以更好地判断房地产发展所处的周期性阶段，以把握市场形势，决定或调整投资时机。

对房地产中介咨询服务业，各类房地产指数可以为之提供咨询的参考，提高咨询机构对市场发展变化的科学预见和判断能力，有利于房地产投资服务业的健康发展。

此外，房地产指数还能为消费者购房决策提供区位、时点选择的帮助，为其他经济研究机构、科研人员提供有效的信息及分析工具。

3. 作为市场研究的工具

房地产市场在国民经济中具有举足轻重的地位，对房地产市场发展状况及趋势的把握，不仅仅是房地产业界人士的需求，更是所有关注国民经济人士的需求。房地产指数为市场研究提供了最为重要的工具，指数的变动轨迹不但能够清晰地反映出市场发展的周期轨迹，是经济周期研究的重要依据，也是进行经济景气状况分析与预警研究的基础。

4. 推动形成地价指数，用于物业税评估

目前中国房地产市场经过大规模建设期过后，存量房市场已逐渐成为市场交易的主流，存量房市场的各类指数必将会建立并逐渐完善；其次，由于目前房地产一级市场，即土地使用权市场规范程度较低，信息透明度较差，除城调大队编制的35个城市同比指数中包括地价内容外，国内房地产市场还缺少完善的地价指数系统；另外，随着经济的发展以及人口流动性增加，各类物业的租赁市场必将扩大，租赁价格的变动也将成为经济状况、就业、人口等等研究的重要指标，租赁价格指数体系也必将会得到完善。

三、遥感与定位技术

近年来，国家行业部门和地方政府对遥感应用的需求越来越迫切，遥感应用在行业管理、地方区域经济发展中的作用越来越大，正在向体系化、产业化发展。遥感卫星数据产品目前广泛应用于我国农业、林业、水利、国土资源、城市规划、环境保护、灾害监测和国防建设等众多领域，在作物估产、墒情监测、林业资源调查、灾害监测与灾后评估、生态环境变化监测等许多方面发挥了巨大作用，取得了显著的社会经济效益。

在城市建设过程中，为了自身利益，一些不符合城市规划的未登记私房也开始慢慢出现，之前查处未登记私房大多都是通过执法人员巡视或群众举报发现，不仅费力而且具有很大的偶然性。随着规划执法力度的加大，未登记私房为了防止被发现也变着花样"藏身"，为城市规划执法带来很大的难度。将遥感技术应用于城市规划执法中为解决这一问题提供了很好的契机。基于知识算法的影像自动识别技术可以快速，大范围的判读目标地物，解决了传统人工判读方法对大量的目标影像难以进行及时处理这一问题。

将遥感影像自动识别技术应用于城市规划执法中研究的目的与意义，

概括起来包括以下几个方面：

1. 为规划执法部门提供有效的技术支持，建立发现未登记私房的另外一个渠道，完善未登记私房的"发现机制"。

2. 节省大量人力物力、避免许多因人为因素所带来的徇私舞弊问题。

3. 能够有效地阻止城市中违法违章建设的不良风气，促进城市总体规划的贯彻落实，同时建立城市空间数据库，为城市的进一步发展规划和处理城市紧急情况提供准确、快速的空间信息支持，为城市的整体规划和建设提供强大的技术支持。

4. 可以实现大范围、可视化、短周期的动态监测，具有很强的现势性，可以快速准确的执法，提高执法效率，为城市总体规划的顺利进行提供强有力的保障。

四、地理信息技术

在房地产业中，最明显的地理信息表现在地产和房产的空间位置，与周围环境的地理关系。但在目前，我国的房地产估价有着以下亟待改进和提高的地方：

1. 缺乏系统性、统一性；

2. 效率低下，操作成本高；

3. 评估成果质量难以保证；

4. 人为因素介入过多，缺乏客观公正性；

5. 信息传播不及时、资源信息不能共享；

6. 不重视信息收集，估价缺乏客观数据，过于依赖估价师的主观经验，评估结果过于随意，质量参差不齐；

7. 信息收集手段落后，数据零散，缺乏系统性和统一性；

8. 信息管理不善，对已获得的信息和数据的分析、处理手段落后，造成大量信息资源闲置；

9. 手工操作高成本低效率；

10. 作业的规程不尽规范、合理，房地产估价离信息化、规范化和科学化尚有很大的距离等。

地理信息系统简称GIS(Geographical Information System)，是20世纪60年

代兴起的一门新兴学科，是计算机与地理信息学相结合的产物。它具有对各种空间信息进行收集、储存、分析以及可视化表达的强大功能。GIS不仅能够提供文字和数据，还可以提供直观形象的空间图形和图像。它可以对空间属性的对象进行输入、输出、编辑、修改、查询。图形信息和属性数据一旦输入地理信息系统，就可进行动态管理和查询。另外，GIS具有强大的空间分析和统计运算功能，能对已有资料进行加工处理，得到科学的结果，避免因人而异的主观随意性，有利于科学管理与决策。正因为如此，GIS在CAMA评估中有着良好的应用前景。GIS是管理和处理这种具有空间特性的各种信息的行之有效的方法和技术。根据GIS的特点和原理，结合房地产本身的特性，将两者合二为一，从而就产生了房地产估价地理信息系统。从房地产估价的发展来看，应该将GIS技术和房地产估价结合起来，在估价中充分体现信息的作用，改变估价的传统模式，在深化房地产价格理论、规范估价规程、完善评估机制的基础上，采用计算机信息系统的方法，实现房地产估价从手工作业到电子化、程序化、信息化的飞跃，使房地产估价工作真正做到公正、合理、科学、适用。

GIS应用于房地产估价中主要有以下特点：

1. 地价信息向社会公示，有利于促进和加强政府对城市土地价格的管理，提高地价评估专业机构评估地价的科学性和客观性，有利于房地产开发企业进行房地产开发投资的科学决策和老百姓进行房地产交易的明白消费。

2. 房地产信息发布需借助一定的载体，如广播、电视、报刊、互联网。而通过互联网发布房产信息更符合现代信息社会发展的要求，是房地产评估适应信息时代要求，实现信息化、自动化、集成化、智能化的重要技术手段。

3. 房地产估价涉及土地价格、业主的经济收益、建造费用、时点性、区域性等多种因素的制约。基于土地价格的动态性，城市地价形成和影响的作用机制与因素的变化，必然要求对房产信息适时更新并及时发布。

4. 估价过程自动化、网络化。房地产自动化估价系统的开发、网络评估（远程估价）的建立和应用，使得计算机自动估价成为可能。通过计算机从物业档案和交易案例数据库中调用与待估房地产相关的数据进行分析，在很短时间内实现住宅物业的自动估价。GIS自动估价的准确与否取决于市场资料的获取，网络技术可以达到对市场数据的收集和归类，使数据库信息动态反映房地产市场状况。由此，在房地产市场日益成熟、规范的前提下，实现自动化估价既可以帮助估价师大大提升专业判断和表现能力，又可以满足消费者的需求。

基于GIS的房地产估价方法把定量和定位结合起来，既准确地估算了房地产的价格又能显示房地产的空间位置。基于GIS的房地产估价方法是指在GIS数据库的基础上建立估价模型，对房地产进行估价并用图形或图像方式输出估价结果的估价方法。房地产估价分为以下几个步骤阶段：收集资料，建立信息数据库，选择估价方法，用多种方法具体估价，比较分析估价结果。

GIS房地产自动估价系统可成功地将地理信息系统(GIS)与物业估价相结合，以独一无二的直观性、实时性、自助性和客观公正性，彻底实现了足不出户即可完成如估价报告、策划调研、研究数据收集、个人理财等一系列活动和工作。它既是房地产专业人员便利的必备工具，也是普通市民贴身的地产顾问。可进入该系统进行住宅物业自动估价自动生成评估报告；查询物业信息；查询历年来的住宅物业、写字楼物业、商业物业以及土地市场交易等案例。

第四节　评估体系构建

一、评估对象界定

从横向分类来看，依据私房类别的不同，可以将评估对象划分为住宅、工业、商业、办公、公共配套设施及其他六个类别。

从纵向区分来看，依据私房价格评估需求与精度的不同，可以将评估对象划分为市级平均单价、区级平均单价、片区平均单价、楼栋平均单价、分户单价五个层级。

从评估方法来看，有成本法、收益法、比较法三种基本方法，三种方法各有其理论依据、使用的评估对象、需要的评估条件等，可依据评估对象的特性及评估具备的条件选用合适的方法进行评估。

从评估方式来看，有个案评估和批量评估，两者各有其适用范围。

在私房价格评估实践中，可将上述评估对象、评估结果和评估方法进行综合交叉，形成层次分明、类型明确的评估对象系列，进而根据评估工作的具体需要和推进步骤，有针对性选择评估对象以形成满足不同评估需求的评估成果。为满足前述私房价格评估需求，达成对私房价格评估的全覆盖，我们采用整体估价模型实践了评估住宅类私房的楼栋单价和分户单价，利用收益法批量评估商业和办公类私房的片区平均单价，以及利用成本法批量评估工业和公共配套设施类私房的片区平均单价。以上组合均基于评估所具备的条件，选择合适的评估方法和评估结果。鉴于收益法和成本法评估出的私房价格与市场价格差距较大，本书重点为针对住宅类未登记私房采用比较法的整体评估。

二、评估特征分析

从总体上来看，深圳市未登记私房具有三大典型特征：一是私房总体规模庞大；二是私房的基本信息不完整，需要调查完善；三是私房市场信息获取较为困难。

上述特征决定了在选择评估方法时，需在遵循房地产评估一般规律的基础上，综合权衡以下几方面因素：

1. 在总体规模庞大方面，私房占全市建筑物的比重已近一半以上，因此传统的个案评估方式已经无法满足其评估需要，而批量评估技术手段则应是未来选择思路。

2. 私房的信息调查工作需常态化，摸清房产的基本情况以及私房的市场规模，为评估建立必要的数据支持。

3. 私房评估以市场交易价格为参考，可以客观反映房产的价值，考虑了市场交易主体对房屋价格的主观影响因素，及政策波动带来的客观影响因素，忽略产权以及地价等难以处理的因素。

三、评估方法选择

评估方法的选择应视评估对象的情况而定，宜选用收益法来评估具有稳定收益的房地产，比如住宅类、工业类、商业类和办公类未登记私房，宜选用成本法来评估没有交易情况且无收益的房地产，比如公共配套设施类和其他类未登记私房，宜选用比较法来评估有大量交易案例的房地产，比如住宅类、办公类、商业类和工业类未登记私房，实现对未登记私房类型的全覆盖。

需要指出的是，目前住宅类未登记私房根据市场行为不同，可分为用于出租的单栋私房（如统建楼）和用于售卖的多栋成套私房（如类商品房小区），前者有持续利益获取，可采用收益法进行评估，后者在交易案例充足的情况下可采用比较法进行评估。

私房评估的方法选择思路具体如图2-2所示，其中：

1. 为满足总体规模庞大特征，总体评估模式应为批量评估模式。

2. 为体现交易信息匮乏而租赁信息丰富特征，基础评估方法应选择收益法，补充评估方法可选择比较法。

3. 为体现交易、租金信息匮乏而成本资料丰富特征，基础评估方法应选择成本法，补充评估方法可选择收益法。

4. 为体现交易信息丰富特征，基础评估方法应选择比较法，补充评估方法可选择成本法。

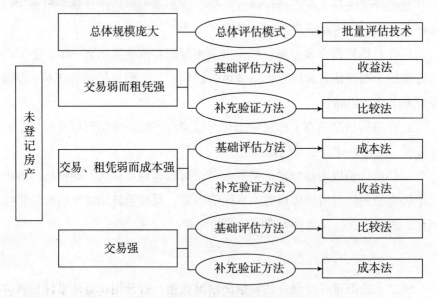

图2-2　私房评估方法选择示意图

第五节 研究方法和技术路线

模型用来揭示事物如何运行，研究者、科学家和分析家都会设计一些模型来检验某些理论或预测结果，模型可以是物质实体模型、概念模型或者数学模型。

房地产批量评估模型就是在当地房地产市场下，通过可获得的房地产数据，揭示影响供求的动力，寻找解释或预测房地产价值，这主要是基于比较法、收益法和成本法来评估。因为模型要反映市场的变动，批量评估模型的建立需要基于合理的批量评估理论、数据分析和研究方法，一个好的模型应该是合理、可信和可靠的。

评估人员不能草率的使用未经检验假设条件和结构的模型，也不能简单地把获得的数据应用于模型。例如，统计意义上成立未经市场检验的方程，不是来自市场分析的成本折旧模型，过于简单的固定收入及资本化率的收益法模型，都是被人质疑的模型。过往的全球金融危机表明，时间久远的事件也会迅速影响整个区域的房地产市场，这就要求评估人员要持续不断的研究和揭示潜在市场驱动力，并在新的评估模型里面有所体现。

一、研究方法

本书以已有私房评估工作为基础，探索将整体估价法应用于未登记私房评估，深入研究未登记私房交易市场，厘清交易特点，逐步细化私房类型，使最终评估结果更贴近于实际情况。房地产整体估价是以城市内所有城市房地产作为评估对象，运用房地产估价理论、数理统计技术和地理信息系统技术，达到批量评估的目的。

未登记私房评估工作拟采用整体评估的思想，综合运用房地产市场比较理论、数理统计以及地理信息系统，构建未登记私房整体评估工作平台。以下从整体评估模型、工作技术路线两方面对未登记私房整体评估工作进行简介。

1. 未登记私房整体评估基本思想

虽然房屋的交易数量有限，有大量的存量房在某一时间段内不被交易，但其仍具有可观的公允价值。具体来说，对于每个评估集合，即具有相同供求关系的集聚区域而言，可视其为一个整体或系统，其内部各个房地产的价格存在内在联动机制，即集合内部各房地产之间存在价格关联关系——比价关系，并在一定时间内保持相对稳定。在此基础上，当集合内部某些房地产单元发生交易或产生价格信息，由比价关系推算出该集合内所有房地产单元对应于这些交易案例的比准价格。由于各交易案例与待测算房地产单元之间的比价关系与实际情况会存在一定的误差，因此在用多个预期比准价格来推算单个房地产单元的评估价格时，就可用权重影响系数来体现每个交易案例比准对该房地产单元评估价格的贡献大小，通过比准价格加权求和的方式就可以评估出符合实际的房屋评估价格。

这里的评估集合指的是类型相同、区域等级相似、价格区间相近的未登记私房总体，是比价关系构建的最大范围。权重影响系数在实际测算时，若某两个房地产属于不同的评估集合，权重影响系数为0，若某两个房地产属于同一评估集合，则考虑其权重影响系数。以住宅为例，楼栋内的房地产权重影响系数>同一楼盘内（不同楼栋）的房地产权重影响系数>集合内（不同楼盘）的房地产权重影响系数。

2. 模型基本假设

未登记私房整体估价模型的设计建立在以下假设基础之上：

（1）一定范围内特征相近的城市房地产（这里称之为"评估集合"）之间存在一定程度的价格关联关系，这种关联关系的产生主要是由于房地产的位置、属性、市场供求关系等多方面的相似性所造成的。

（2）评估集合内各个房地产单元之间的价格关联关系可以用一定的数量关系进行表达。

（3）随着时间的变化和房地产市场的变化，评估集合内各个房地产单元之间的价格关联关系也会发生相应的变化，且这种变化可以被度量和表达。

（4）在评估集合内，某一时段必定有一个或多个房地产单元发生交易或产生价格信息。

（5）在某个范围内，房地产之间的价格关联程度依据房地产之间的相似程度的不同而不同，当有一个或若干个房地产单元发生交易时，其价格对其他房地产单元价格的影响随着房地产间的相似程度的降低而减少。

3. 模型数学形式

基于上述描述，对于任意一套房地产的评估价格，存在理论模型：

$$P_{估}^{*}=P_1 \cdot a_1 \cdot \omega_1 + P_2 \cdot a_2 \cdot \omega_2 + \cdots + P_m \cdot a_m \cdot \omega_m$$

P_1表示交易价格，a_1表示待估房产与交易案例之间的比价关系，ω_1表示比准价格对于待估房地产价值的影响权重系数（初期可以使用等权重，即简单算术平均代替）。

二、技术路线

未登记私房整体评估是一项复杂的工作，涉及数据调查收集、整理与分析，数据规范化入库，评估模型构建，评估过程实施等。在具体的操作过程中，本书将从以下三个方面入手：

一是原始数据调查，具体包括未登记私房的基础信息（名称、楼层、四至、户型等）和案例信息。这是未登记私房评估工作的第一步也是最重要的环节之一，不同于已登记房产信息有固定正规的收集渠道，未登记私房信息收集一直处于空白状态，具有不透明、难采集、体量大、变化快等特点。因此必须建立一套行之有效的信息采集手段与方法。

二是数据工程建设，原始数据并不能直接用于评估，必须经过规范化整理，按标准统一入库。数据的质量和数量直接影响最终的评估结果，数据的组织方式同样也会影响评估过程的效率。本研究制定四个步骤保证数据的品质，即数据预处理、数据模型构建、评估数据库建设和数据质量管理。

三是未登记私房评估实施过程，这是未登记私房整体评估工作的核心，具体包括评估集合划分、比价关系构建、案例选取等环节。

未登记私房整体评估体系构建的技术路线如图2-3所示。

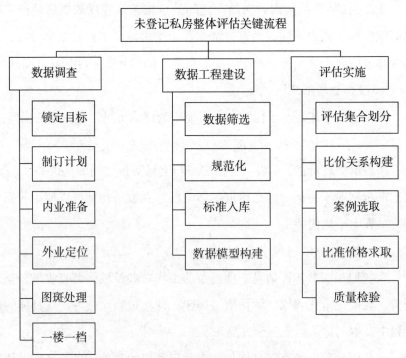

图2-3　未登记私房整体评估关键流程图

　　将整体评估的思想用于未登记私房，是假设在一个满足相同经济指标相同竣工年份的子市场区域内，未登记私房之间的价格存在一定的内在联动机制，即一套未登记私房价格的变化，会引起子市场内其他私房的相应变化，各私房之间的价格关系在一定的时间内保持相对稳定。因此，我们可以在某个子市场内，选取一定典型房产单位（即标准单位），通过批量评估理论、方法与模型，建立该子市场内其他未登记私房与标准房之间的价格关联关系，在每个评估周期内通过对子市场内标准单位价值的评估，从而实现对子市场内所有未登记私房单位的价格评估。

　　整体估价模型在具体实施时，主要包括以下几个步骤：

　　首先，将待估未登记私房按照类别进行划分，特别是类别间的建筑规模存在较大差异的，一定要区别对待，在划分类别时，也要综合考虑其市场范围与区域因素。

　　其次，确定每级修正关系中的标准单位。标准单位确定的标准需根据未登记私房类型特征确定，具有可操作性及合理性。

然后，构建比价关系体系。这是实施整体评估的核心，比价关系体系建立以后，通过评估标准单位即可评估区域内所有房屋的价格。

最后，结果检验。这是保证评估结果准确性的关键步骤。检验数据的来源及覆盖面是检验能否达到目标的主要因素。一般采用国际上比较通行的比率分析检验及标准。

针对上述评估理论模型，以住宅类未登记私房为例，具体评估工作包括：评估集合划分，比价关系构建，案例选取，到户评估等一系列关键步骤，具体的评估技术路线如图2-4所示。

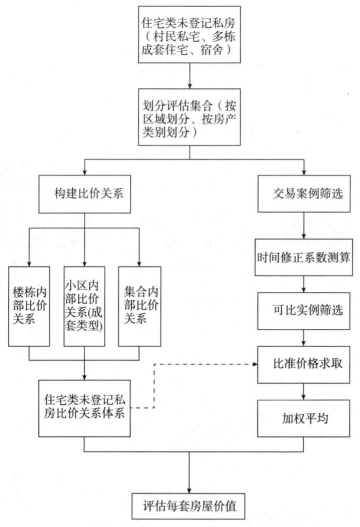

图2-4 未登记私房整体评估技术路线图

1. 未登记私房集合划分

评估集合是比价关系生效的最大范围，建筑集合划分参考区域以及房地产类别两方面指标。

首先进行评估同质区域划分，即通常所说的评估分区，主要考虑区域因素对于房地产价值的影响。

针对普通住宅同质分区，同一评估分区内房地产宏观相似度较高，但是微观上依旧存在较大差异，需要进一步划分区内房地产品质，构建评估集合。区内房地产品质划分（集合构建）需要考虑多个要素，其中包括区位因素和实物因素两大类。具体考量指标包括：

表2-1　房地产价值影响因素

	特征因素	指标	数据
区位因素	交通条件	公交便捷度	公交站点分布
		地铁便捷度	地铁站点分布
	周边景观	景观优劣性	景观分布、景观分级分类
	配套设施	生活设施完备度	买菜、购物、医疗、金融、体育健身、文化休闲、娱乐
	教育配套设施	教育设施完备度	初中、小学、幼儿园
	环境质量	环境质量优劣	垃圾站、污水处理点
	生活空间	生活空间舒适度	广场、绿地
实物因素	建筑实物	小区规模	小区占地面积	小区所在地块面积
		建筑年代	小区建成年代	小区建成年代
		物业管理	小区物管公司资质	小区所属物业资质
		建筑容积率	容积率	容积率大小
		有无电梯	有无电梯	有无电梯
		主力户型	主力户型大小	主力户型建筑面积
	土地实物	地质	是否处于地质灾害高易发区	地质灾害高易发区
		生态线	是否压占基本生态线	基本生态线
		开发程度	"富人区""穷人区"	土地利用现状图
		规划等级	是否为政府重点开发区域	深圳市总体规划图

2. 未登记私房评估比价关系构建

比价关系是指在评估集合内，将每一套房地产通过一定的数量关系联系起来。比价关系适用的最大范围为评估集合，集合间的房地产不能建立比价关系。一般理论认为，集合内价格相差不能超过20%。

比价关系构建技术路线如图2-5所示，针对能够采集得到的特征数据多寡，可以采用直接比较法（在房地产交易样本数据不足时）以及特征价格法（在房地产交易样本数据充足时）两大类方法。

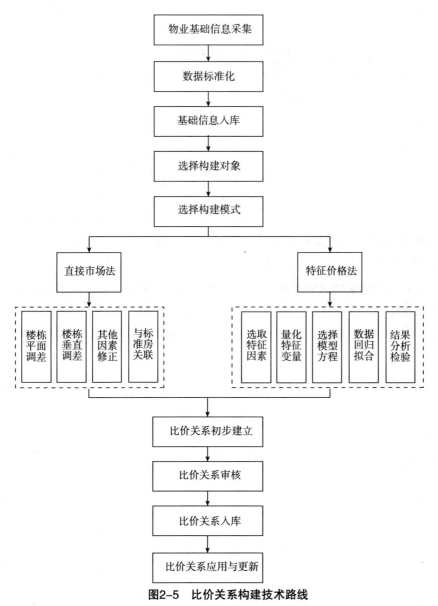

图2-5　比价关系构建技术路线

比价关系影响特征因子确定参照"楼盘—楼栋—房屋"三个层面递进展开，房屋主要有楼层、朝向、户型、采光、装修等因素，将其划分为平面因素、垂直因素以及其他特殊因素；楼栋指标主要有楼栋位置、安静程度、景观类型等因素；楼盘之间受区位条件、便捷度、楼盘品质等因素影响。从小区，楼栋，房屋三个层次定义集合内比价关系指标如表2-2所示：

表2-2 比价关系指标

小区特征指标	楼栋特征指标	房屋特征指标	
小区区位条件	景观类型	平面价差因素	垂直价差因素
小区便捷度	安静程度	户型	所在楼层
楼盘品质		废气	总楼层数
		朝向	
		采光通风	
		面积	

从基础数据上述指标进行量化分级，对于每一套房产参照其所在楼栋中的标准房进行比较打分，最终对集合内每一套房屋获得"楼盘—楼栋—房屋"三层次形式的比价关系。例如，想要获取同一集合内不同楼盘之间两个房产单元的比价关系，则分别对两个房产单元比价打分乘以所在楼栋比值打分，再乘以所在楼盘比值打分，即可获得房产单元之间的比价关系。

第三章　未登记私房整体评估数据管理

　　深圳市私房评估工作需要大量的房地产相关数据作为支撑。由于未登记私房交易市场受法律约束，处于半公开、隐蔽、不规范的灰色状态，而公开调查也难以开展，因此与商品房销售市场相比，未登记私房销售市场的公开、权威、全面的数据较难获得。除了通过传统的途径（从政府部门批量收集，通过专门机构或公司收集等）进行数据收集之外，为了准确掌握深圳市在售未登记私房数据，我们统一部署了对深圳市全市各区在售未登记私房拉网式排查工作，基本实现对在售未登记私房楼盘常态化监控。

　　在数据收集时，根据评估工作的需要和整体估价模型的要求，我们有的放矢地收集了房地产地理空间数据、属性特征数据、价格数据、收益类成本类数据和关联特征数据等。这些数据来源广泛，既包括原始积累的数据、从其他房地产部门或机构定期交换的数据，也包括开展数据调查获得的调查数据，这直接导致了数据格式不一、精度不一以及互相之间没有关联等问题，难以在实际评估当中使用。为了有效利用这些数据，我们参考和制定了相应的数据标准和规范、采用先进的数据处理技术与工具、按照质量控制要求和数据特点对收集到的数据建立数据模型，并在此基础上构建出私房评估数据库，以便对房地产数据进行批量、统一的处理、分析和存储，从而满足评估与监管工作的需要。

　　本章将分六个部分对评估基础数据收集与管理工作进行阐述，分别为基础数据概况介绍、案例数据调查、数据处理、数据模型、数据库建设和数据质量控制。

第一节　基础数据概况

　　房地产基础数据主要是描述房地产的基本状况和实物状况的数据，大体上可分为两类：一类是描述房地产名称、坐落、用途、面积、楼层、装修、楼龄及周边配套设施等信息的基础属性数据，其主要应用包括划分评估对象、物业类型及相似房地产等，以便根据不同类别房地产的特点应用不同的评估方法及评估数据。另一类是描述房地产空间位置、形状、大小、分布状况及拓扑关系等信息的空间数据，是辅助评估人员提高评估效率和评估结果准确性的重要支撑，其在评估过程中主要的应用领域有制作比价系数、结果检验与校核以及争议处理等。另外，针对现有部分数据存在着不同程度的缺失或失真问题，本书开展实地调查以弥补现有问题，从而保障基础数据的完整性和准确性。数据调查作为工作的重要组成部分以及房地产基础数据的重要补充，将在下一节详细阐述。

一、基础属性数据

　　房地产基础属性数据由已登记产权的存量房和未登记产权私房的基础属性数据共同构成，二者虽然在法律上性质不同，采用的评估方法也不尽相同，但反映它们自身品质特点的基础属性数据却基本一致。这些属性数据从房地产构成上可大致归结为四类，即土地属性数据、楼盘属性数据、楼栋属性数据和房屋属性数据。接下来，本节将以这四类数据为阐述对象，对房地产的基础属性数据进行详细介绍。

1.土地属性数据

　　土地是承载房地产的物质基础，是房地产价值构成的重要组成部分。土地基础属性数据包括地块编号、宗地号、土地位置、土地登记、产权状态、地块状态、土地使用权类型、土地用途、用地面积、总基地、土地使用年限、土地出让起始时间、土地出让结束时间等信息。通过对土地基础信息的了解，能够使评估人员加深对房地产价值构成的认识，准确把握房地产评估价值。

土地基础属性数据主要来自以下几个方面：一是产权登记数据；二是建筑物普查数据；三是地籍测绘数据；四是补充调查数据。

2. 楼盘属性数据

楼盘属性数据描述了房地产楼盘相关的属性信息，是决定楼盘和楼栋品质、判断房屋价值影响因素的重要参考依据。因为房地产项目经常是以楼盘的形式统一建造的，因此，同一楼盘内的楼栋属性和房屋属性具有众多相似之处，这其中主要包括：楼盘名称、位置、绿化率、容积率、景观环境、建造年代、停车位数量、物业管理费、楼盘内及楼盘外配套设置等。另外，楼盘独有的属性信息包括楼栋总数、房屋总套数、总建筑面积、占地面积、开发商名称、开发商地址及开发商法人代表等。这些属性信息详细记录了楼盘的基本情况，是辅助评估人员了解待估房地产品质、计算待估房地产价值的数据基础。

楼盘属性信息来源广泛，主要包括产权登记数据、建筑物普查数据、补充调查数据等。

3. 楼栋属性数据

楼栋属性数据描述了房地产楼栋相关的属性信息，是房屋价值的决定性因素之一，因此，楼栋属性信息不仅要全面，而且要准确。从现有收集到的楼栋数据情况来看，楼栋属性信息主要包括楼栋编号、楼栋名称、所在分区、所在宗地号、建筑性质、建筑类型、建筑结构、建筑用途、楼栋总层数、电梯户数比、竣工日期、使用年限、基地面积、建筑面积等。这些属性信息从各个角度描述了楼栋的基本情况，是辅助房地产评估人员全方位了解楼栋品质进而判断房屋品质的重要参考依据。同时，也是整体估价理论中构建楼栋内比价关系和楼栋间比价关系的数据基础。

楼栋基础属性数据林林总总包含了数十项内容，因此，其来源十分广泛，主要包括产权登记数据、预售备案数据、建筑物普查数据、实地调查数据及其他中介机构提供的二手房属性数据。

4. 房屋属性数据

房屋属性数据描述了房地产房屋相关的属性信息。房屋是最小也是数量最多的评估单元，其所包含的属性信息由两部分构成，分别为房屋数据和产权数据。其中，房屋数据描述了房屋自身的属性信息，是判断房屋品质、决定价值的重要因素之一，其内容主要包括房屋编号、房屋号、房屋性质、房屋类型、房屋用途、房屋结构、朝向、所在层数、所在楼栋、装修情况、建筑面积和使用面积等。如果是登记房产的话还将有完整的产权数据记录房屋的权属信息，主要内容包括产权证号、产权登记时间、产权转移类型、产权状态、产权人户籍、产权人编码、产权人份额等信息。

房屋基础属性数据所包含的内容种类繁多，为保证这些数据的准确性和完整性，我们从多个渠道收集房地产房屋属性数据，主要有产权登记数据、预售备案数据、建筑物普查数据、实地调查数据及其他中介机构提供的二手房属性数据等。

二、 空间数据

空间数据是指用来表示空间实体的位置、形状、大小及其分布等诸多方面信息的数据，以坐标和拓扑关系的形式存储。它可以用来描述来自现实世界的目标，具有定位、定性、时间和空间关系的特性。它是一种用点、线、面以及实体等基本空间数据结构来表示人们赖以生存的自然世界的数据。涉及房地产的空间数据有遥感影像数据、建筑物分布数据、土地空间数据、标准分区图、行政区划图、道路图、地铁站点分布图及三维仿真数据等。

1. 遥感影像数据

遥感影像主要是指航空影像和卫星影像，它以缩小的影像真实再现地表环境，以不同的空间尺度、感知方式快速、及时地监测地球环境的动态变化（见图3-1）。由于其具有获取方便、周期短、信息量庞大等特点，因此成为空间数据的重要组成部分。深圳每年分四个季度获取覆盖全市区域的遥感影像，空间分辨率最高可达0.25米。遥感影像数据在批量评估中的应用比较广泛，评估人员可以通过遥感影像查看房地产周边环境与设施等情况，在很大程度上节约了外业调查的资金和时间投入。

图3-1 遥感影像示意图

2. 建筑物分布图

　　建筑物分布图来源于建筑物普查以及每年的动态更新数据。建筑基底图形以现有的深圳市1∶1000地形图为基准，其几何形状为面状，面与面之间具有拓扑关系。一个建筑基底图形面，对应一个建筑编码。组成建筑物基底图形的多边形角点的定位精度应小于或等于正负1米。

　　建筑物分布图覆盖深圳全市区域内的建筑物，且每年动态更新，最为全面地反映了全市范围内房地产的空间位置信息和房地产之间的拓扑关系，在整体评估中具有重要作用。

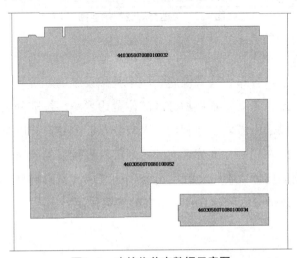

图3-2 建筑物普查数据示意图

3. 土地空间数据

土地空间数据是以宗地为基本单元，含有每一块宗地的边界坐标，土地空间数据与土地属性数据通过地块编号进行关联，因此土地的属性信息也可以通过地图表达。通过与房地产属性信息的关联，以及与其他空间数据进行叠加分析，土地空间数据可以用于与房地产相关数据进行空间分析。

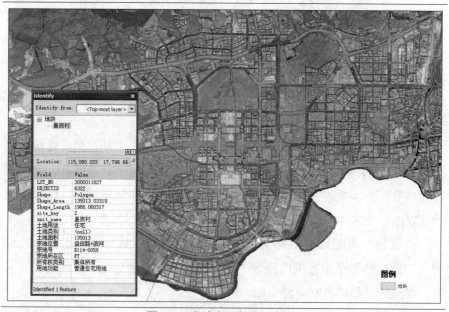

图3-3　土地空间数据示意图

4. 标准分区图

标准分区图是深圳市规划部门在城市总体规划的基础上，对局部地区的土地利用、人口分布、公共设施、城市基础设施的配置等方面所作的进一步的规划安排，是划定各规划分区的位置边界图。标准分区从规划的角度充分考虑了局部区域内土地利用、人口分布、公共设施以及城市基础设施的配置，因此在同一标准分区内的房地产具有较强的同质性，同一标准分区内同类型的房地产在一定程度所受到的区域因素影响具有相似性，这对整体评估中评估分区的建立具有重要的参考作用。

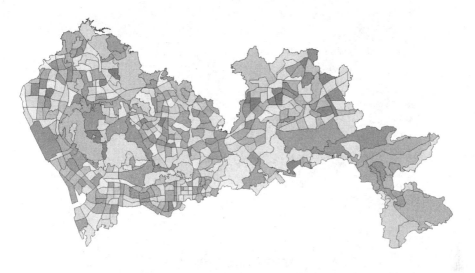

图3-4　深圳市评估分区分布图

5. 行政区划图

行政区划图是指以空间图形——面的形式表达城市的行政区划边界，包括区划名称和区划编号。以下是行政区图、街道图的示意图。

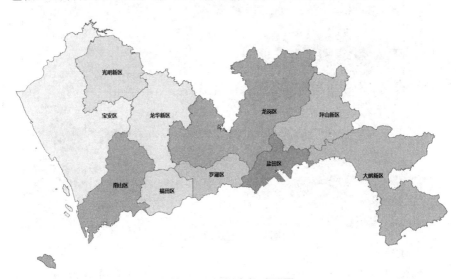

图3-5　深圳市行政区图

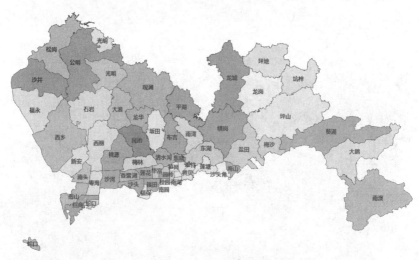

图3-6　深圳市街道图

6. 道路图

道路图是指以空间图形——面的形式表达城市规划道路信息，包含道路边界信息、道路名称、道路等级以及与临近道路的拓扑关系。

图3-7　道路示意图

7. 地铁站点分布图

地铁站点分布图是以空间图形——点的形式表达地铁站点的空间信息。在房地产批量评估中，房地产的交通便捷度信息对房地产的价值有一定的影响，房地产与地铁站点的通达距离在一定程度上能够反映房地产的交通便捷度，因此可以通过房地产与地铁站点的通达度指标获取房地产的交通便捷度信息，并细化在评估模型中。

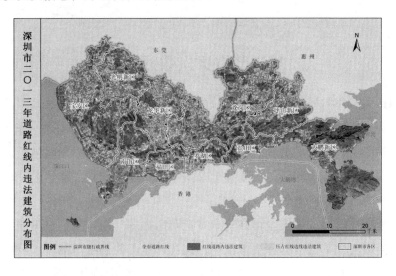

图3-8　地铁站点示意图

8.三维仿真数据

三维仿真数据是实现房地产虚拟现实的物质基础。它能够将现实世界在计算机上以三维立体形式将空间信息表达出来，能够全视角、全方位地展示房地产位置、形状、景观环境及交通等信息。

图3-9　三维仿真示意图

第二节　案例数据调查

评估工作需要大量数据，传统的数据收集方式主要通过从政府部门批量收集，通过专门机构或公司收集等。与商品房销售市场相比，深圳市未登记私房销售市场的公开、权威、全面的数据较难获得，同时由于涉及个人隐私与法律准入问题，对未登记私房销售主体与购买主体的公开调查也难以开展。

为准确掌握深圳市全市在售未登记私房数据，为未登记私房监测、分析、治理提供基础数据和决策依据，在2013年，我们统一部署了对深圳市全市各区在售未登记私房拉网式的排查工作，全面依托GIS（含MOBILE GIS）、GPS、RS（遥感对地观测）协同行动的技术手段（以下简称"3S排查方案"）精确定位在售未登记私房的地理坐标，基本实现对在售未登记私房楼盘的建筑面积、在售价格、在售户型、物业服务、装修情况、停车位等情况进行常态化、全方位监测。

案例数据调查的基本要求是：

1. 充分利用已有调查成果；

2. 外业调查时应对每个目标图斑进行实地调查；

3. 权属界线应标注清楚、位置准确、标示规范；

4. 图件、数据、实地三者应一致。

一、调查数据来源

为保证数据真实性、可靠性与全面性，尽可能使研究成果建立在全面、权威、真实的数据基础上，我们采取了多途径、多手段、多种方法去收集各种信息源的数据，该部分数据来源包括网络调查和线下调查：网络调查来源主要包括深圳小产权门户网、58同城（58同城小产权专卖店铺）、赶集网、搜房博客等各大网站上未登记私房销售数据、来源于深圳未登记私房QQ交流群的信息以及通过"小产权房"等关键词基于网络搜索引擎得出的搜索结果等（虽然通过两次土地国有化，深圳在严格意义上已经不存在小产权房，但在各大网站、QQ群以及民众交流时，小产权房一词更为普遍）；线下调查来源则主要包括统建楼、村委集资楼的路边张贴销售广告、散发的传单、个别楼盘调查或现场踩盘信息。

二、案例调查流程

和商品房成交由政府强制登记不同，未登记私房的案例数据获取是一件困难的事。从2012年年底至今的近两年时间，经过不断试错和情报收集，我们充分使用了地理信息系统GIS、移动导航GPS、街景技术和卫星对地观测RS技术，探索出案例调查六步走的套路。

1. 锁定目标

我们以两部委紧急通知、主流媒体集中关注"小产权房"等事件为切入点，引入重点排查对象，从主流媒体报道、土地监察支队的梳理报告等途径寻找线索，结合政府巡查、网络监测、销售传单等三大情报来源，将收集的楼盘与未登记私房一张图地址匹配，最终锁定需要实地排查的楼盘量。

2. 制订排查计划

我们基于全市成交私房楼盘线索分区划分调查路线，确认在售未登记私房巡查区域，调查楼盘数量，加强重点楼盘核查，统筹调查进度安排，做好人员任务分工，保证调查不重不漏。

3. 内业图斑准备

在外业调查出发前，内业监测人员使用规划国土一张图系统，运用GIS技术制作调查底图，模糊框选出在售未登记私房所在区域，并在图上标识信息制成调查底图，然后根据调查区域、楼盘分布及道路实际情况制定最佳调查线路和相关导航信息。

4. 外业勘察测点定位

（1）实地调查。根据现有影像图查找到未登记私房具体位置后，核实楼栋名称是否内容一致，查看建筑形态、楼层、建设时间、建筑面积、现状用途、权属调查等项目。在影像图上确认并标识出来，然后采用手持GPS设备对楼盘的界址点进行测量，精确定位在售楼盘的经纬度。

（2）拍摄照片。将建筑物外观形象、建筑形态（塔点式、有无裙楼）、本栋入户门及门牌号等情况拍摄完整、清晰，其中楼盘照片包括楼盘正面、背面、周边信息等。

（3）填写调查表格。考察楼盘门牌地址信息、楼层数，确认各楼层用途，并将外业调查表格填写完整。

5. 楼盘定位和矢量化处理

（1）运用RS技术和卫片成果，对在售楼盘界址点进行矢量化处理，按栋为基本单元勾画在售楼盘基底图斑和最近两期卫片对比图斑。

（2）在遥感底图上标识的位置信息上，通过矢量化手段或者与未登记私房一张图叠加确定楼盘矢量图形；通过手持GPS确定的楼盘，确认楼盘位置，并进行矢量化。然后运用GIS叠加地质灾害图层、橙线图层、道路红线图层、耕地及基本农田图层执行专项核查，最后绘制成果图。

6. "一楼一档" 建数据库

（1）整理楼盘信息及存档工作。做好纸质和电子信息存档。纸质存档需分类、分区存档，便于查询。分类为一楼一档，包括一张表、一张照片、一个底图（楼盘位置标识），一张卫片（测量示意图）。图片信息保存应根据区—街道—楼栋照片分级、清晰、合理的保存，并保证电子信息和纸质文档一一对应，便于以后的成果制作展示、查询与应用。

（2）建立未登记私房楼盘数据库。补充未登记私房面状要素属性信息，建立未登记私房楼盘数据库。

三、调查数据内容

根据我国建设部出台的《房地产估价规范》（GB/T50291–1999）规定，房地产估价需收集以下数据：反映估价对象状况的资料；对房地产价格有普遍影响的资料；对估价对象所在地区房地产价格有影响的资料及相关房地产交易、成本、收益的实例资料。而在国际估价官协会出版的《房地产批量评估标准》（2013）中对批量评估收集的数据则规定更为明确，主要包括地理空间数据、物业特征数据，销售数据，收益与费用数据，成本与折旧数据等。两者对数据收集的要求实际上是异曲同工的，如物业特征数据即包括了反映估价对象状况的资料，也包括了部分影响房地产价格的资料；房地产交易实例资料即是销售数据；收益、成本实例等同于收益与费用数据，成本与折旧数据。只是地理空间数据在我国的估价规范中没有提及，这是因为传统评估虽会分析待估对象的区位因素，但对地理空间数据往往未加利用。因此，根据规范的要求及整体估价的需要，需收集的数据可以分为以下几类：

1. 地理空间数据

地理空间数据是指用来表示空间实体的位置、形状、大小及其分布等诸多方面信息的数据，以坐标和拓扑关系的形式存储。它是一种用点、线、面以及实体等基本空间数据结构来描述来自现实世界的目标，具有定位、定性、时间和空间关系的特性。在房地产评估过程中，地理空间信息是判断房地产区位影响因素的主要参考依据，主要包括土地和房地产空间数据、评估分区、行政区划、道路分布、交通站点分布、学区分布等内容。

2. 房地产特征数据

房地产特征数据，是反映房地产所有权、区位、大小、用途、配套等物理特性的数据，是影响房地产价值的重要因素之一。可以说，房地产特征数据的详细程度，将直接影响评估结果的准确性。主要包括房地产相关的土地特征数据、楼盘特征数据、楼栋特征数据和房屋特征数据等。

（1）土地特征数据

土地是承载房地产的物质基础，是房地产价值构成的重要组成部分。土地基础特征数据包括地块编号、宗地号、土地位置、土地登记、产权状态、地块状态、土地使用权类型、土地用途、用地面积、总基地 、土地使用年限、土地出让起始时间、土地出让结束时间等信息。通过对土地基础信息的了解，能够使评估人员加深对房地产价值构成的认识，准确把握房地产评估价值。

（2）楼盘特征数据

楼盘特征数据描述了房地产楼盘相关的特征信息，是决定楼盘和楼栋品质、判断房屋价值影响因素的重要参考依据。因为房地产项目经常是以楼盘的形式统一建造的，因此，同一楼盘内的楼栋特征和房屋特征具有众多相似之处，这其中主要包括：楼盘名称、位置、绿化率、容积率、景观环境、建造年代、停车位数量、物业管理费、楼盘内及楼盘外配套设施等。另外，楼盘独有的特征信息包括楼栋总数、房屋总套数、总建筑面积、占地面积、开发商名称、开发商地址及开发商法人代表等。这些特征信息详细记录了楼盘的基本情况，是辅助评估人员了解待估房地产品质、评估房地产价值的数据基础。

（3）楼栋特征数据

楼栋特征数据描述了房地产楼栋相关的特征信息，是房屋价值的决定性因素之一，因此，楼栋特征信息不仅要全面，而且要准确。从现有收集到的楼栋数据情况来看，楼栋特征信息主要包括楼栋编号、楼栋名称、所在分区、所在宗地号、建筑性质、建筑类型、建筑结构、建筑用途、楼栋总层数、电梯户数比、竣工日期、使用年限、基地面积、建筑面积及权利人信息等。这些特征信息从各个角度描述了楼栋的基本情况，是辅助房地产评估人员全方位了解楼栋品质、进而判断房屋品质的重要参考依据。同时，也是整体估价理论中构建楼栋内比价关系和楼栋间比价关系的数据基础。

（4）房屋特征数据

房屋特征数据描述了房地产房屋相关的特征信息。房屋是评估工作中最小也是数量最多的评估单元，其所包含的特征信息由两部分构成，分别为房屋数据和产权数据。其中，房屋数据描述了房屋自身的特征信息，是判断房屋品质、决定价值的重要因素之一，其内容主要包括房屋编号（如有）、房屋号、房屋性质、房屋类型、房屋用途、房屋结构、朝向、所在层数、所在楼栋、装修情况、建筑面积和使用面积等。

3.房地产价格数据

房地产估价是评估房地产的价值，而价格是价值的外在表现形式。房地产价格数据都是房地产批量评估过程中重要的参考依据，能够直接影响评估结果的准确性和一致性。因此，在数据收集时，应收集尽可能全面的价格数据为估价服务。每种价格数据都有其自身特点，能够在不同的评估阶段发挥各自的作用，比如挂牌价格虽然不能直接使用于估价过程，但可以应用于结果检验与审核。价格数据一般包括交易数据、挂牌数据、第三方个案评估数据、抵押数据等，但基于未登记私房交易市场的特殊性，我们一般仅能获取交易数据或部分的挂牌数据等。

（1）交易价格

交易价格，是房地产权利人采取买卖的方式将其房地产转移给他人，由房地产权利人（作为卖方）收取或他人（作为买方）支付的货币或实物、无形资产和其他经济利益的价格。

交易价格数据包括新建房销售价格和存量房交易价格。基于未登记私房交易市场的特殊性，这些数据一般只能通过调查来获取，或者在极个别情况下通过房屋中介来获取，其数据内容主要包括物业名称、地理位置、总层数、所在层、物业面积、交易时间、交易总价、交易单价、交易类型、物业户型、数据来源等。

（2）挂牌价格

挂牌价格主要指房地产个人或中介在网站上发布的待售或待租房地产的价格。挂牌价格数据内容除了交易物业的房地产地理信息与特征信息外，还主要包括案例装修情况、房龄、总价（或月总租金）、单价（单位面积月租金）、挂牌时间等信息。

挂牌价格一般可用于大范围内房地产评估结果的检验，但是由于挂牌价格与实际交易价格有一定差距，因此其价格利用具有一定局限性，无法直接进入评估模型进行房地产批量评估。

4. 收益与费用数据

收益与费用数据主要针对采用收益法估价的房地产。收益性房地产主要用于经营，交易价格相对匮乏，租金数据相对容易调查。除此之外，如有可能还应收集空置率、税费、维修费、物业管理费等费用数据，及收益法所需的其他数据。

5. 成本与折旧数据

基于成本法的评估是私房评估的其中一个重要方法。评估工作需收集各类型房地产的成本与折旧数据，并根据当地市场水平适当调整，为基于成本法的批量评估提供基础数据。根据成本法的要求，主要收集的相关数据包括以下九类：一是房地产所在土地的土地取得成本，含市场地价及基准地价数据；二是开发成本，包括勘查设计费、建安工程费、配套或基础设施费等；三是管理费用，指组织和管理房地产开发经营活动的费用；四是投资利息；五是重置价格，是指按上一年重新建造与应计算重置价的房屋相同结构、相同建筑标准、相同质量的房屋所需要的价格；六是折旧，是指根据固定资产预计使用所限，在其原值减去净残值的基础上平均摊入每月的成本；七是开发利润，是由销售收入（售价）减去各种成本、费用和税金后的余额；八是销售费用，是指销售房地产所必需的费用；九是销售税费，是指销售房地产应缴纳的税费。

6、私房特有数据

私房评估对象差异非常大，对其进行评估还需掌握其分类数据。深圳的主管部门动员各级政府、事业单位，动用3亿预算经过3年的调查时间，比较早地掌握了全市私房的一本账。按照各区政府普查申报的统计，私房类型共63种，有多栋成套楼盘的、有单栋私宅、有宿舍，甚至还有老平房和加建祖屋、祠堂。

依据深圳市政府2013年"第243号批复"的法定建筑用途，可将居住类私房归纳进为3类标准用途。居住类私房是第一级分类；多栋、私人自建、宿舍是第二级分类。第1类多栋住宅指仿照商品房开发模式，2栋以上高层成套住宅私房构成一个楼盘，一般都有楼名称且占地较大，例如"佳和园""金色阳光""山水家园""贤华大厦""盛世江南"等；第2类私人自建房一般是占用政府划定的原农村宅基地建设的单栋住宅楼，如"宝华阁"等，这种自建房成套住宅一般占地100—150平方米左右，十几层，一般房东住顶楼，底下楼层出租；第3类，宿舍，是在工业园区周边公司工厂搭建的员工宿舍，一般是门和阳台对开的单住房间。

第三节　数据处理

由于获取的原始数据来源不同，组织方式也不尽相同，这些数据各自零散地存在着，尚未形成有机联系的评估数据库，因此，在数据建库之前，需要对原始数据进行各种数据处理。首先，要在不同来源的数据之间建立起关联，使得零散的数据成为相连的整体，这种建立不同来源数据间关联的过程就叫数据匹配；其次，获取的原始数据格式、类型、内容存在差异，为使这些数据能在一个共同的计算平台中参与整体评估，需要对这些数据进行数据转换及数据标准化；第三，在整体评估过程中，区位因素是影响房地产价值的一个重要因素，为能辅助决策区位因素的影响程度，我们需要对房地产的空间数据进行各种空间操作处理，如地图矢量化、坐标变换、缓冲区分析、叠加分析、空间量算等。下面将详细阐述这三类数据处理工作。

一、数据匹配

数据匹配采用计算机自动匹配和人工匹配两种方式。计算机自动匹配主要是通过发现两种数据间特定的对应规律，将其内化为具体的计算机程序来实现匹配。根据匹配精度的不同，分为完全匹配和模糊匹配。当两种数据间的对应规律不明显或者毫无规律，无法内化为具体的计算机程序去自动匹配时，需要借由人工判断完成匹配，这种匹配过程叫人工匹配。

一般来讲，计算机自动匹配效率高，匹配过程可控，匹配结果较为准确，而人工匹配效率较低，匹配过程可控性较低，匹配结果准确度因人为判断依据的不同而不尽相同，但人工匹配仍然是数据匹配中非常重要的一环，是对计算机自动匹配最有效的补充。

二、数据转换及数据标准化

数据转换是将数据从一种表现形式变为另一种表现形式的过程，通过转换，可以确保不同的源数据在语义上的一致性。包括数据格式转换、数据类型转换以及数据内容转换。数据格式转换是指将不同格式的数据文件转换成统一的数据格式类型，如将Excel、Access、Oracle文件类型统一转换成Oracle格式在统一的数据库平台中使用。数据类型转换是指同一特征在不同的数据格式中，由于其数据类型（如文本型、数值型、日期型）不一致，需统一数据类型的转换，如楼层特征，有文本型和数值型，在评估中需要将文本型统一为数值型。

数据标准化是指将不同表现形式的数据转换为指定规则的标准化信息，使其能直接被计算机程序识别和应用。数据标准化是数据转换的重点，也是评估数据处理工作中的重要环节。由于原始特征数据表达在登记的过程中缺乏规范性要求，特征值为不规范的描述性信息，因此我们还要对评估过程中的关键特征进行数据内容转换，如物业名称、户型、物业类型等特征，通过建立规则，对数据进行合并、清理和整合。

下面以在我们的实践中常见的地址数据标准化工作的两种情况为例具体说明。其一，我们所获取到的私房地址数据，有些只记有"凤凰社区"，但凤凰社区在黄贝、光明、平湖、布吉、福永5个街道都有，这样会影响该记录的唯一性；因此，我们需要依据该记录具体所在的村落、道路信息或X、Y坐标进行空间定位，对其进行标准化转换，最后把571万套私房数据格式规范为区+街道+社区（或道路）+号码的标准数据。其二，很多私房数据都有重复信息，比如某地址表达为"龙华新区城市明珠花园1栋—3栋1栋8D"，我们需要对其标准化，能准确提取到楼号"1栋"及房号"8D"等关键信息。针对这些情况，我们开发了智能地址识别软件，对上述大部分原始数据实现了标准化规范。

三、空间操作

空间操作是对空间数据进行分析操作的统称，根据作用的数据性质不同，可以分为：基于空间图形数据的操作：如地图矢量化、坐标变换、图形拼接、空间量算、缓冲区分析、叠加分析、网络分析等；基于非空间特征的操作：如基于非空间特征的逻辑运算和数理统计分析等；空间和非空间数据的联合操作：如空间与非空间数据的特征关联等。

1.地图矢量化

为了精细化评估的需要，我们在房地产数据处理中采用GIS矢量化工具对影响房地产价格的重要地物要素进行了矢量化处理，如对地铁站点、星级酒店、建筑物基底边界等进行矢量化处理，以便于进行空间分析和量算。对于空间地物要素的矢量化类型根据地物要素特点和评估需要而定，如地铁站点可矢量化为点要素，建筑物可矢量化为多边形要素，道路可以矢量化为线要素等。

图3-10　建筑物基矢量化示意图

2. 坐标变换

主要是指对栅格数据和矢量数据进行坐标变换，栅格数据利用GIS的空间配准工具进行坐标变换，矢量数据利用GIS的空间校正工具进行坐标变换。不论采用哪种方法进行坐标变换，都是为了使得空间数据具有一致的空间坐标系统，以便于对空间数据进行统一的处理和分析。

3. 图形拼接

是指按照空间位置关系，将若干幅地图拼接成一套整幅的地图，以便于从整体上对数据进行分析。评估主要是对遥感影像数据进行图形拼接，使得分幅采集的影像数据成为整体。

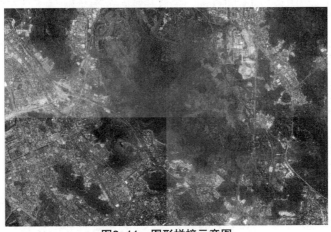

图3-11　图形拼接示意图

4. 空间量算

主要包括距离量算、周长量算和面积量算。通过空间量算，可以便捷地获取房地产之间的距离，如可利用距离量算获取房地产与地铁站点之间的直线距离等。

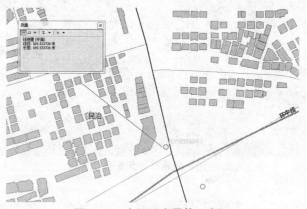

图3-12　空间距离量算示意图

5. 缓冲区分析

是以某一个点（线或者面）为中心，以某一距离为半径，围绕地图要素形成具有一定范围的多边形实体。该方法在空间案例选择、房地产价格影响因素分析等方面非常有用。例如、可以基于某一个公园建立缓冲区，分析缓冲区内房地产价格的分布和空间变化趋势，从而得出公园对周边房地产价格的影响程度。还可以针对地铁站点进行缓冲区分析，对距离地铁站点不同范围内的房地产进行筛选、提取和处理。在评估中，主要利用缓冲区分析进行非住宅房地产的空间查询、提取和影响范围分析。

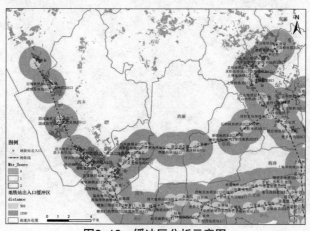

图3-13　缓冲区分析示意图

6. 叠加分析

是地理信息系统中用来提取空间隐含信息的重要方法。叠加分析是将代表不同主题的各个数据层面进行叠加产生一个新的数据层面。空间叠加可以用于空间案例的选择，可以基于空间距离或范围进行交易案例的选择，要实现空间选择案例，交易案例必须要具有空间位置，基于空间位置选择交易案例对于传统的基于特征选择案例是一个非常好的补充，这使得基于区位的案例筛选可以做得更精细。

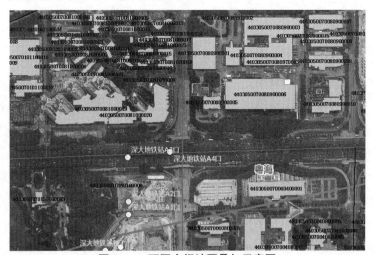

图3-14　不同空间地图叠加示意图

7. 空间统计

是指基于某一空间范围，统计范围内空间要素的相关信息，常用的如统计某一范围内的房地产数量、面积、价格等。使用空间统计主要是基于空间数据统计房地产物业数量、面积、交易均价等，将价格或数理信息与空间数据关联，综合利用各种地图符号对价格信息进行渲染，使得价格或数理分布与变化通过空间和颜色表现出来，一方面可以更直观分析价格的空间分布规律，另一方面通过将房地产价格上图，可以更高效地进行评估结果的检验与校核。

第四节　数据模型

数据建模指的是在明确数据各自特点以及各类数据之间的内在联系的基础上，通过充分归纳和抽象，总结出一套结构稳定、满足实际需要的房地产数据组织管理方式。在评估基础数据库的建设过程中，通过建立数据模型，实现以下几个目标，即实现土地、楼栋、房屋（以下简称"地—楼—房"）与状态属性一体化管理和查询统计、实现房地产时空数据的结合应用以及实现更丰富更灵活的数据多维度分析。本节将对评估过程中应用的各种主要数据模型进行详细介绍。

一、网状数据模型

1. 房地产基础信息的关联

评估工作涉及的数据主要包括房地产基础数据、价格数据、评估相关技术数据以及其他相关数据等。其中，房地产基础数据是描述房地产的基本状况和实物状况的数据，大体上可分为两类：一类是描述房地产名称、坐落、用途、面积、楼层、装修、楼龄、周边配套设施及权属等方面信息的基础特征数据，另一类是描述房地产空间位置、形状、大小、分布状况及拓扑关系等信息的空间数据。无论在房地产价格的评估中，还是在其他的管理应用中，房地产基础数据都是整个体系中最基础的部分，它明确了评估对象的基本信息，同时也是其他数据（如价格数据、评估技术数据等）得以发挥作用的主体。

从客观实际出发，房地产基础信息应包含土地基础信息和房产基础信息，房产基础信息又可以拆分为楼栋基础信息和楼栋内房屋基础信息，而土地、楼栋、房屋这三个主体之间存在着相互依存的关系，这三者之间通过建立依存关系从而构建所谓的"地—楼—房"模型。

"地—楼—房"模型是用来描述和反映现实世界中房地产的表现形式。很明显，现实世界中房地产是包含土地和房产两方面信息，因此在该模型当中，涉及有三个实体两个关系：即土地、楼栋、房屋三个实体，土地与楼栋的关系、房屋与楼栋的关系。具体来讲，"地—楼—房"模型不仅包含有三个实体的基本信息，同时还包含有这三个实体之间的关系信息。根据房地产开发的一般模式可知，房地产的项目开发首先必须得到可供该项目开发的某块地的使用权，当这块地确定之后，相应的楼栋才会在相应的地块范围内建造，相应的房屋也就会根据不同的设计分布在该楼栋内。因此一般来讲，土地与楼栋的关系是一对多，并且楼栋的位置是依托土地的位置而存在。而楼栋与房屋的关系也是一对多的关系，房屋也是依赖楼栋而存在。其实体联系图具体见图3-15。

"地-楼-房"模型中涉及的房地产本身的信息主要是反映房地产的基本状况和实物状况方面的信息，大体上可分为两类：一类是描述房地产名称、坐落、用途、面积、楼层、装修、楼龄、产权状态及周边配套设施等信息的基础特征数据，另一类是描述房地产空间位置、形状、大小、分布状况及拓扑关系等信息的空间数据，这些我们统称为房地产的基础信息，其相关内容具体包括：

（1）土地基础信息

土地是承载房产的物质基础，是房地产价值构成的重要组成部分。土地基础信息包括地块编号、宗地号、土地位置、土地登记、产权状态、地块状态、土地使用权类型、土地用途、用地面积、土地使用年限、土地出让起始时间、土地出让结束时间等信息。通过对土地基础信息的了解，能够对房地产价值构成的认识进行深入分析，准确把握房地产价值构成因素。

（2）楼栋基础信息

楼栋基础信息包括楼栋编号、楼栋名称、所在宗地号、建筑性质、建筑类型、建筑结构、建筑用途、楼栋总层数、竣工日期、使用年限、基地面积、建筑面积等。这些特征信息从各个角度描述了楼栋的基本情况，可以辅助房地产评估人员全方位了解楼栋品质、进而判断房屋品质的重要参考依据。同时，也是在存量房计税价格评估中构建楼栋间比价关系的数据基础。

（3）房屋基础信息

房屋是房地产价格体系中最小的构成单元，其基础信息包括房屋编号、房屋性质、房屋类型、房屋用途、房屋结构、所在层数、所在楼栋、装修情况、建筑面积、使用面积及产权状态、产权证号、产权登记时间等信息。房屋这些基础信息反映了房屋的基本情况及其当前的产权状态，清楚地了解房屋的基础信息，有利于评估时对房屋类型的精细划分及房屋之间比价关系的构建。

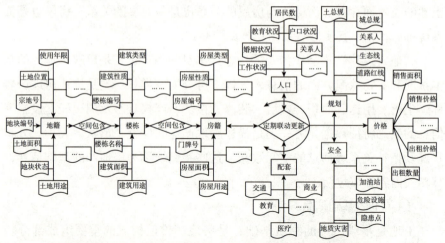

图3-15　结合了"地-楼-房"与特征状态的网状数据模型

2.房地产状态信息的关联

然而，从横向来看，除了房地产基础信息之外，评估工作涉及的数据还包括价格数据以及影响其房地产价值的其他相关技术数据。同时，站在监管的角度，通过以"地-楼-房"数据模型为基础，实现对于房地产相关的价格、人口、规划、安全、配套等信息的综合关联建模，将可为治理监管和市政规划提供重要的决策参考，达到"以房查人""以房查经（济）"统筹决策的目的。

这些相关的状态信息主要包括：

（1）房地产价格数据

房地产价格是其价值的外在表现形式。如本章第二节所述，价格数据一般在私房评估中一般采集其销售价格、挂牌价格与出租价格；如果涉及需要使用成本法估算的私宅，也将要收集其成本相关数据。

（2）人口数据

依附于房地产的人口统计数据一般主要包括房产当事人信息、租赁关系信息、人口居住分布、人均面积以及关联者的户籍结构、教育水平、其从事的工作及所属行业等。居住人口结构是居民买卖与租赁考虑的重要因素之一，也是房屋评估价格的重要影响因子，同时在统计、监管等方面更有着重大意义。

商品房与商业房产中的人口相关统计信息一般可以通过房产登记中

心、户籍登记部门等政府途径获取，但未登记私房内的人口统计则相对较难获得。同时，由于这些建筑所在区域等因素的影响，吸纳了大量的外来人口，并为其提供了低廉的安置之所，在一定程度上带动了城市就业。另外，因为缺少相应的公共服务与社会监管，以"城中村"为代表的未登记私房也汇集了各种社会问题，包括房屋密度过大带来的潜在火灾隐患、社区成员素质不高导致的治安形势严峻、商户游离监管等。深圳市人口数量多，流动人口规模大，且多租住在未登记私房中，因此，监测、统计全市存量未登记私房居住人口对全市房地产管理、特区一体化建设、城市转型发展更具有重要意义。

为了有效地搜集未登记私房居住人口数据，使用ArcGIS软件对未登记私房普查数据与全市人口数据进行地址匹配、编码匹配、坐标定位等技术，对逐条记录进行的数据校准工程，最终获得全市未登记私房居住人口数据。数据生产流程如图3-16所示：

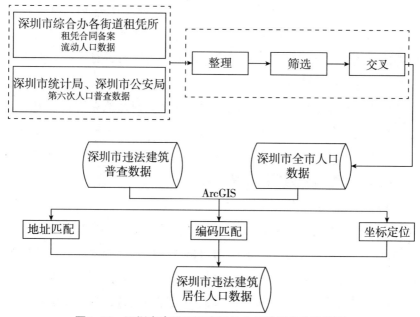

图3-16　深圳市未登记私房居住人口数据生产流程图

通过对未登记私房及其居住人口的现状分析，我们能发现与未登记私房相关的多种经济社会问题，如未登记私房内聚集人口数量大等问题反映出存在安全隐患。

（3）规划数据

规划数据主要是指市政规划部门对其设定的土地用途（常见的如"土总规土地用途""城总规土地用途""法定图则土地用途"等），并根据全市土地用途而划定的各类地线，较重要的如"道路红线""基本农田改造区线""生态三线""文物紫线""河道蓝线"等，另外还有监察部门对已认定的未登记私房而划定的"违建线"等不同的主题线。

其中，"道路红线"与未登记私房的评估与监管关系较为密切，我们以此为切入点进行了较为缜密的数据获取与信息化工作。道路红线是市政道路规划部门根据城市规模、道路性质、道路两侧用地和交通流量而划定。未登记私房由于建设初期用地范围未经合法审批程序以及抢建搭建成风，未登记私房压占红线道路情况时有出现，同时由于规划道路红线宽度时未全面考虑红线范围周边建筑密度等原因，全市未登记私房压占道路红线的情况较为普遍，严重阻碍规划实施、道路建设工作，并给土地整备部门带来巨大压力。我们通过努力获得深圳市规土委2013年道路红线数据，对未登记私房压占道路红线的状况进行了进一步调查，并使之可以在我们的地理信息系统上准确呈现。未来我们还将计划针对重点区域、重要道路的详细情况进行精确核查。

在调查与收集政府规划信息的基础上，我们通过地理信息系统进行了规划线数据与建筑物的一一比对，得出全市未登记私房侵占规划线的各项数据，譬如侵占的规划线类别、名称与侵占面积等，并将这些数据与相关房产关联起来，实现了两者的互联查询。

（4）安全数据

安全数据主要包括影响居民观感的厌恶性设施或安全隐患设施的分布（如邻近高压电站或加油站的分布与数量），市政规划部门划定的处于城市重大危险设施（如油气及其他危险品的仓储区、超高压管道等）周边的限制土地利用与开发的"橙线"区域，国土部门经过勘察得出的地质灾害隐患点、地址灾害线等。

与规划数据的处理方法类似，我们对规划线、灾害线等线状数据与相关的房产进行比对与计算，重点得出建筑物压占地质灾害隐患点、岩溶塌陷地质灾害高易发区、斜坡类地质灾害高易发区及危险设施控制区的类别、位置与面积。另外，我们还收集了全市加油站的地理位置，使每个建筑物通过我们系统的缓冲区分析即可得出周边加油站的分布。

（5）配套数据

配套数据主要包括周边交通设施、医疗设施、教育设施、公共设施、商圈、工业圈等数据信息。周边配套设施分析是以房地产属性数据库为基础，叠加诸如商品房价格、法定图则、交通站场、地铁线路、重点商圈、物理管理等专题数据库，通过交叉比对分析，以试图分析房地产与周边各项因素的相互影响情况。

其中，未登记私房的形成过程与公共交通设施的完善密切相关，导致了以公共交通为导向的租房和买房在深圳十分普遍，随着深圳城市化水平的不断提高，"中心·外围"模式的经济社会发展格局逐渐形成，即市中心主要以商业、办公、娱乐等经济活动为主，受制于高额的租房和买房压力，很多人开始在离市中心较远的郊区租房或者买房，其前提条件就是要有便利的公共交通系统。因此，我们重点分析了交通设施与房地产的关系。我们通过深圳市规划国土委员会获取了轨道交通规划数据、现状道路网数据等，而地铁、交通站场数据则是历年来通过网络、文件等渠道收集，包括了全市9415个停车场，全市6489个公交站，全市118个地铁站，全市4个火车站和若干客运站。另外，我们专题数据库还包括了超市、银行、医院、学校、派出所等公共设施数据，涵盖经济社会多个领域，并都通过数据模型关联，可供我们的系统调用。

可见，上述的这些数据有一个共同特点，就是围绕的实体都是"地—楼—房"，因此我们可以将这些数据与其对应的实体建立起联系，建立起以"地—楼—房"为基础的房地产网状数据模型。

二、多维时空数据模型

房地产数据不仅具有空间属性，还具有时间属性。房地产是有生命周期的，从微观角度出发，表示房地产从产生到最后使用权结束这一个时间段内，也就是新房阶段、存量房买卖阶段、存量房租赁阶段。在房地产存在的全生命周期内伴随着不同的交换行为，因此有不同的房地产价格、关系人、租赁关系等数据产生。

　　房地产数据产生的时间不同、类型不同、来源也不同。将这些不同阶段产生的不同类型的价格数据组织起来，可以实现房地产全生命周期属性数据跟踪管理和分析，不仅有利于掌握房地产价格的时间变化，有利于为发现房地产价格变化的内在机制提供依据，还为经济、人口的统计与监控提供了重要的参考依据。

　　对房地产实体来说，房地产数据既存在时间变化方面的信息（如不同时间的交易行为），同时还存在房地产空间状态信息。房屋及其对应特征的变化情况归纳起来有三种情况：一是房屋的空间形态、特征同时变化；二是房屋的空间形态未变，但特征发生了变化；三是房屋的特征未变，但房屋空间形态发生变化。一般引起房屋空间形态变化的主要原因有二：一是房屋所有权人变化引起的房屋的分割与合并；二是房屋的灭失。分割、合并、灭失是房屋空间形态变化的主要形式。

　　我们按照私房评估"一房一价"的要求，建立"房籍为中心"多维时空数据模型进行规范管理，在空间属性上，划分地籍层、楼栋层、房籍层、人口层、规划安全线层、配套设施点层等6个数据库，进行分级维护；在时间序列上，则以房屋为中心，为每套私房关联上每次买卖、租赁的价格数据和相关人口等属性变化数据。

　　按照时态数据库中有关时间模型的理论，房屋交易或特征的变化应属于步进模型(Stepwise Model)。在这种模型下，时间序列上任一点的数据值对应于上一次数据改变时保持的状态，如果要查询当前数据的取值，则需要回溯。譬如，房屋所有权人自1998年至今一共发生了4次变动，采用步进模型只要求记录4个时间点的信息。如果查询目前该人员的身份，虽然没有登记当前时间点，但并不是返回一个无效的空值，而是沿着时间轴回溯，找到最近发生的状态变化。而特征信息的变化大部分也都遵循步进模型。

　　通过构建时空数据模型，建立完备的私房历史变迁数据库，实现地—楼—房—人联动更新的目标，有利于直观地分析私房时空演变特征，满足统计监管的需求，也利于发现价格的变化轨迹。

第五节 数据库建设

数据的完整性、准确性和便于管理性是决定评估工作成效的前提条件之一。我们建立了深圳市私房评估基础数据库（以下简称"评估数据库"），以支撑深圳市私房的评估工作。评估数据库的建立，将有利于对各种房地产数据（例如特征数据、价格数据和空间数据等）进行统一管理和组织，提高数据使用效率，减少数据维护和更新成本。

评估数据库构建是一项复杂的系统工程，我们在数据库设计阶段就确定了建设原则和目标、明确了建设思路及总体技术路线，并按照此技术路线按部就班地完成评估数据库的建设工作。

一、设计思路

参照软件工程对系统生命周期的定义，我们把数据库应用系统的生命周期分为数据库规划、需求收集与分析、数据库设计与应用程序设计、数据库实现、数据库测试以及运行维护六个阶段。评估数据库建设思路如图3-17所示。

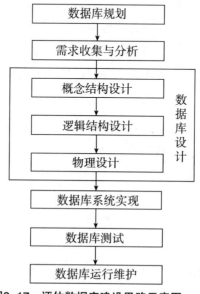

图3-17 评估数据库建设思路示意图

数据库规划是创建评估数据库的起点，主要是明确并制定建立数据库的任务与目标，估计工作量、使用的资源以及实施步骤、经费等。

需求分析是在项目确定之后，用户和设计人员对数据库所涉及的内容和功能的整理和描述。需求分析是后续设计及实现的基础，以后的数据库设计都会以此为基础。在建立评估基础数据库时，工作人员要尤为重视需求分析工作的重要性，如果这部分工作没有做好，会为以后的工作带来困难，甚至要再重新回过头来做需求分析，影响整个项目的工期，在人力、物力等方面造成浪费。因此，这一阶段的工作是整个数据库建设过程中比较困难和耗时的一步。需求分析主要是在用户调查的基础上，通过分析，逐步明确用户对数据库的需求，包括数据需求和围绕这些数据的业务处理需求，以及对数据安全性和完整性方面的要求。

数据库设计是指对于一个给定的应用环境，构造最优的数据库模式，建立数据库及其应用系统，使之能够有效地存储数据，满足各种用户的应用需求。数据库设计阶段又分为概念结构设计、逻辑结构设计和物理设计。数据库概念结构设计是在需求分析的基础上，依照需求分析中的信息要求，对用户信息加以分类、聚集和概括，建立信息模型，并依照选定的数据库管理系统软件，把它们转换为数据的逻辑结构，再依照软硬件环境，最终实现数据的合理存储。E-R图方法是建立概念模型的主要方法。数据库逻辑结构设计是在概念结构设计的基础上进行的数据模型设计，可以是层次、网状和关系模型。当前绝大多数数据库管理系统都是基于关系模型的。数据库系统的实现离不开具体的计算机，在实现数据库逻辑结构设计之后，就要确定数据库在计算机中的具体存储。数据库在物理设备上的存储结构与存取方法称为数据库的物理结构，它依赖于给定的计算机系统。为一个给定的逻辑数据模型设计一个最合适应用要求的物理结构的过程就是数据库的物理设计。

数据库实现是根据设计，由开发人员编写代码程序来完成，包括数据库的操作程序和应用程序。同时数据库人员还要组织数据入库，建立实际的数据库结构、装载测试数据试运行。

经过运行测试后，就可以加载真正的数据，使系统正式运行，进入数据库的运行维护阶段。

二、技术路线

根据上一节所述的数据库设计思路，在以结合"地—楼—房"与特征状态的网状数据模型为核心的原则下，评估数据库总体技术路线可分为四个阶段，如图3-18所示。

第一个阶段为数据收集阶段，主要目的是最大化的丰富房地产相关数据，以备评估使用。

第二个阶段为数据预处理阶段，主要为了解决不同来源数据之间的协同使用问题。

第三个阶段为数据模型设计阶段，主要是构建房地产数据逻辑模型。

最后一个阶段为数据物理存储阶段，实现数据在物理硬盘上的存在。

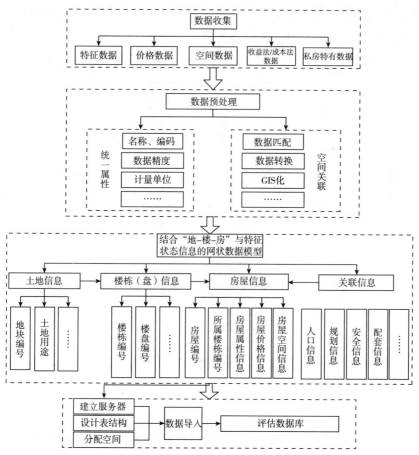

图3-18 评估基础数据库设计总体技术路线

三、总体架构

深圳市私房评估数据库是以建筑物普查数据库为基础、以网状数据模型为核心建立起来的，从逻辑上可分为三层架构，即基础层、逻辑层和物理层。评估数据库的基础层是以建筑物普查数据库为核心、以租赁备案数据库、个案评估数据库等为辅助的数据库集共同构成的，所有房地产数据都要与建筑物普查数据库建立起关联才能统一联合使用。在此基础上，根据评估要求及评估方法，综合考虑了影响私房评估的各项重要因子，构建了结合"地—楼—房"与特征状态信息的网状数据模型。该模型以土地、楼栋（盘）和房屋信息为核心骨架，通过关联表逐级扩展到其他房地产特征表。这样一来，我们只要知道任何一个特征值及其所在数据表都可以直接或间接查询到其他特征表中的房地产信息。最后，在服务器物理硬盘上将评估数据库从逻辑设计变为物理实现。

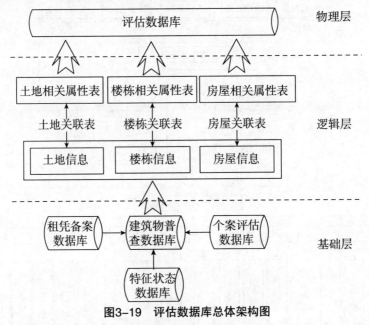

图3-19 评估数据库总体架构图

四、数据库的建设与管理

评估数据库是一个复杂的涉及多种数据类型、不同数据源的数据仓库，其设计过程是一个系统性工程。考虑到数据库能够与房地产价格整体评估、统计和分析的有机结合，我们遵循以下建设原则和管理策略构建我们的数据库：

1. 以建筑物普查数据库为基础

建筑物普查数据库记录着最完备的房屋对象和部分基本特征信息，是私房评估工作的数据基础，也是将房地产特征信息与空间信息进行关联的核心。因此，评估基础数据库的设计必须要以此为基础，并进行进一步扩展和补充。

2. 设置主键与外键，适当建立索引

主键是实体的高度抽象，可以唯一标识一个表单，各个表单之间的联系，主要是通过主键与外键配对实现的。索引是对数据库中一列或多列的值进行排序的一种结构，但需要消耗一定量的存储空间，因此，适当建立索引是提高数据库搜索速度的关键技术之一。

3. 基本表满足表单基本性质

数据库中的表单分为基本表、关联表和衍生表等，其中基本表是基础，其他表都是基本表的直接或间接衍生品。因此，基本表单的设计尤为重要，且要满足4条基本原则：

（1）原子性：表单中的字段是不可再分的；

（2）原始性：基本表中记录的数据是未经处理的原始数据；

（3）可扩展性：在基本表数据的基础上，可以衍生出其他数据表；

（4）稳定性：基本表的结构是相对稳定的，一般不会发生大变化。

4. 适当降低范式标准

在设计过程中，我们尽量在第三范式的约束下进行设计。虽然没有冗余（即满足第三范式）的数据库可以实现，但是，这样的数据库往往运行效率不高，影响数据库的整体使用情况。因此，考虑到评估工作需要快速地、大量地访问数据，我们在数据库物理设计阶段，适当降低了范式标准，以空间换时间，从而减少系统访问数据库的等待时间、提高工作效率。

5. 建立数据字典

评估数据库是一个十分复杂和庞大的数据仓库，为了使评估数据库的设计、实现、运行、维护和扩充有一个共同的标准和依据，并且也为了保证数据库的共享性、安全性、完整性、一致性、可恢复性、有效性和可

扩充性,有必要专门建立数据字典。数据字典是数据库的重要组成部分,是对数据库进行管理的有力工具。其作用体现在:管理数据库系统各种资源;实现数据标准化;文字化描述系统,方便理解;作为数据库设计的辅助工具;为数据库提供安全保障;方便数据库管理员进行各种查询,以便了解系统性能,如空间使用情况和各种统计信息。

6. 可动态更新和扩展

数据库建立完成以后,不是一成不变的,而是需要进行定期或不定期的数据更新和扩充,以保障各种数据,尤其是价格数据与重要状态数据的实时性。

7. 数据库安全管理

在数据库建设与日常管理中,另一项需要重点考虑的是要保障数据的安全性。因此,我们主要从网络安全、服务器操作系统安全、密码验证、授权管理、数据库审计以及备份与恢复等方面来进行数据库的安全管理,各种安全管理的具体内容包括:

(1)网络安全。主要是确保网络的安全,重点是防火墙的设置;

(2)服务器操作系统安全。数据库运行的服务器操作系统应该是安全的,主要是实现服务器登录用户的安全管理;

(3)密码验证是指对数据库的访问要首先通过密码验证,用户需要设立强密码口令;

(4)授权管理是指对于不同的用户要授予不同的数据库角色,用户能够访问哪些表,不能访问哪些表,能做哪些操作都要进行分组授权管理;

(5)数据库记录审计是指通过DBMS工具监测和跟踪数据库的访问和操作信息,能够通过操作日志知道谁在什么时候执行了什么操作,它只能跟踪对数据库的修改而不能防止。但作为一个安全性手段,能起到对非法入侵的威慑作用,可以据此追究非法入侵者的法律责任;

(6)备份与恢复是指在数据库的运行过程中,难免会出现计算机系统的软、硬件故障,这些故障会影响数据库中数据的正确性甚至破坏数据库,使数据库中的全部或部分数据丢失。因此就需要定期对数据进行备份,或采取多虚拟机热备份的技术,在系统出现故障后能够及时使数据库恢复到故障前的正确状态。

第六节 数据质量管理

一、概述

房地产数据的质量对于开展监察统计、评估应用等工作至关重要。如果房地产的基本数据质量不可靠，将会影响着评估结果的估价水平、估价一致性和垂直公平性及可靠性，甚至还会使我们对经济、产业运行情况产生误判，导致产生错误的结论、政策等严重后果。因此，如何控制数据质量是数据管理的一项重要课题，做好数据质量管理也是提高批量评估质量所必需的工作。数据质量管理工作将贯穿于数据收集、数据处理、数据汇总、数据入库等各个阶段，切实保障房地产数据的真实性、准确性、规范性和完整性。

数据质量管理主要包括数据质量检查、数据质量评价、数据质量改进、数据更新与维护等四部分。本节将从上述四个方面讨论数据质量管理的内容。

一般地，影响数据质量的因素主要来源于以下四个方面：

1. 信息因素：指产生数据质量问题的原因主要包括元数据描述及理解错误、数据度量的各种性质（如：数据源规格不统一）得不到保证和变化频度不恰当等。

2. 技术因素：指由于数据处理的各技术环节的异常造成的数据质量问题，主要包括数据创建、数据获取、数据传输、数据装载、数据使用、数据维护等技术环节。

3. 流程因素：指由于系统作业流程和人工操作流程设置不当造成的数据质量问题，主要来源于系统数据的创建流程、传递流程、装载流程、使用流程、维护流程和稽核流程等。

4. 管理因素：指由于人员素质及管理机制方面的原因造成的数据质量问题，如因措施不当导致的管理缺失或者管理缺陷。

二、数据质量控制

1. 质量控制方法

按检查主体的不同来分类，检查方式可以分为三类：软件全自动检查、计算机辅助检查、人工检查。以下将对它们一一展开分析。

（1）软件全自动检查

软件全自动检查是指可以按照预先设定的检查原则，通过编写程序化的软件来全自动化地执行数据质量检查，而完全不必经过人工干预。实现软件全自动检查除了可以排除检查过程中的人为干预与人为误差之外，还可大大提高工作效率，使数据质量的可靠性得到更高的保障。而对于批量评估工作，一般都会涉及海量的数据需要处理，如果只依靠人工检查，几乎是不可能完成的任务。因此对于能依靠软件全自动检查处理的那部分数据，应该优先考虑安排资源与时间来开发自动检查软件，即使这些工作将需要一定的资源成本与时间成本，但从长期的角度来看仍然是非常值得的。

当然，鉴于数据的多样性与现实情况的复杂性，软件全自动检查并不能解决所有问题，这时就要考虑其他方式解决。同时，为了评估自动检查结果的质量，软件检查的处理日志应该做好自动记录，以备质量复查。

（2）计算机辅助检查

计算机辅助检查是数据质量检查的重要手段之一，也是提高检查精度和工作效率的一项重要方法。计算机辅助检查是在数据质量检查的过程中以计算机为辅助手段，通过人工干预进行的半自动化检查方式。这种方式主要适用于不能完全依赖全自动检查的时候，譬如数据格式不太标准或部分缺失的情况。特点是检查过程是可控的，能根据检查员的经验、检查的目的和方法随时调整检查过程，发现问题能够及时处理。当然，这种方法仍要开发相应的计算机软件来协助检查，此方法最后出来的整体成效好坏，仍将相当依赖于软件开发团队的技术能力是否优秀与对业务的理解是否深入。

（3）人工检查

当数据不满足软件全自动检查和计算机辅助检查的要求时，只能通过人工检查的方式完成数据质量控制工作。批量评估所用到的数据包括房地产属性数据、空间数据、价格数据和其他相关数据，这些数据来源不同、性质不同、格式不同。在这种现实情况下，人工检查方法能有效避免计算机自动处理的困难，弥补上述两种方法的不足。

人工检查的缺点是效率较差，需要较多的人工参与。然而，当遇到必须通过人工检查的海量数据时，我们可以借助基于互联网平台的众包（crowdsourcing）这一组织形式，将数据脱密、分片，再通过平台派发给互联网工作参与者（他们可能是接受少量酬劳的参与者，或者是利益攸关方，或者是通过某种方式吸引过来的），以蚂蚁搬家的方式来完成这样的一个大任务。

按检查范围来分类，检查方式可以分两类：全样本检查与抽样检查。

①全样本检查

全样本检查是指对所有样本数据进行全面检查，把不合格的数据挑选出来。全样本检查是检查规模最大的一种检查方式，同时也是成本最高的一种检查方式。在批量评估过程中，一般在以下两种情况时进行全样本检查：一是数据量不多，在现有人力、物力资源条件下能够承受全样本检查的工作量；二是通过预判，数据质量问题严重，必须要通过全样本检查的方式才能达到批量评估方法所要求达到的数据质量。不过，随着近年来计算机能力的大幅进步，对海量数据进行全样本检查的客观条件也逐渐具备。

②抽样检查

数据抽样检查是指从一批数据中抽取一定比例的样本进行检查，并以此抽检结果作为评判整体数据质量的标准。样本的抽样率视具体情况而定，如整体数据量的多少或数据质量预判情况。抽样方式主要分为三种：一是随机简单抽样，即不带偏向性的任意选取N个样本；二是系统抽样，即每隔一定时间或者一定编号对数据进行一次随机抽样，这种方法主要适用于事先无法知道确切数量的情况；三是分层抽样，即针对不同数据源、不同格式的数据、不同的数据操作者等多种情况而进行的分类抽样方法。根据批量评估过程中所用的数据的特点，在数据质量检查时主要采取随机抽样和分层抽样相结合的检验方法，进行数据管理和质量控制。

2.检查内容

房地产数据质量检查的内容主要包括数据完整性、真实性、一致性和准确性四个部分。

①数据完整性检查

数据完整性检查主要是检查数据中是否有多余的信息以及是否有缺失的信息。如检查房地产属性信息的内容是否有缺失，关于楼盘的信息是否完整，有没有空值，以及检查数据表有没有多余的数据项造成数据冗余等。

②数据真实性检查

数据真实性检查是指检查数据的取值是否真实可靠。如检查房地产成交案例的价格是否符合市场价格，是否存在录入错误等原因造成价格偏离实际，关于房地产的描述信息是否准确，是否与实际情况一致等。譬如，如果一套房子的真实楼层是17层却被误记为7层，则会对楼房的评估工作产生影响，导致评估价格不准确。

③数据一致性检查

数据一致性检查是指检查数据的格式是否一致、概念是否一致以及取值、取值范围是否一致。例如按规范房屋用途将分为住宅、商业、工业、综合以及其他等五类，如果某一套房子的用途取值为"办公"，那么它的取值不在集合内，取值范围就不符合一致性原则，需要对其进行统一。又譬如楼栋的总层数按规范是以阿拉伯数字表达，那么使用汉字表达的就需要进行一致性修正以满足需要。

④数据准确性检查

数据准确性检查主要是指检查数据的准确度是否在规定的范围内。如检查建筑物的坐标值与真实值的偏离程度是否在可以接受的范围内，检查房屋的建筑面积误差是否在规定的范围内等。

对于房地产属性数据而言，主要检查数据完整性、真实性、准确性以及一致性；对于房地产价格数据而言，主要检查价格数据的真实性和准确性。

3. 检查过程

数据质量检查的过程主要包括制订方案、人员培训、数据准备、工具准备、质量检查、结果汇总、结果统计以及结果报告等阶段。为了保障检查工作的有序开展，首先需要制订质量检查的工作方案，包括检查目标、内容、分工、计划等。不同的检查目的有不同的工作要求，在开始质量检查前应该做好前期准备工作，如人员培训、数据准备和工作准备。其中，工作准备是指准备好质量检查所需要的工具，通常质量检查都是为特定目的服务的，一般没有泛用的质量检查工具，需要专门开发特定质量检查工具，从而提高质量检查工作的效率。而数据准备则是按照质量检查的要求做好被检查数据以及数据检查结果存储表格的准备工作。质量检查人员按照分工与计划开始进行质量检查，质量检查的结果要进行汇总和统计，并编写质量检查结果报告。

在数据质量检查的过程中，对于小样本的数据，可以进行全面检查，但是对于大样本数据，一般则进行抽样检查。数据抽检可以采用规范化的抽检方式，如参照中华人民共和国国家标准（GB/T 2828.1‑2003 / ISO 2859‑1:1999）。抽样前首先要熟悉数据基本情况、数据标准和质量检查标准，抽样量根据总量大小，检测难度、适用判断等情况决定，保证抽样结果能覆盖各类数据，具体技术路线如图3-20所示。

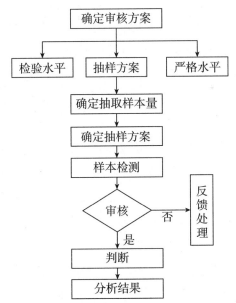

图3-20　抽样检查技术路线图

统计抽检的流程如图3-21所示，其中，N、Ac、Re用数理统计的方法来确定。

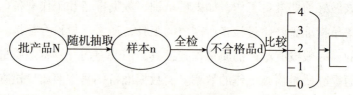

图3-21 统计抽检流程图

4.数据质量控制实践

评估工作主要采用的数据涵盖房地产的特征数据、空间数据以及评估类数据。其中特征数据包括房地产的物理特征和市场特征，物理特征内容主要表现为房地产的物业名称、所处位置、建筑面积、楼层数、建筑年代、户型、朝向等，市场特征主要表现为房地产价格、价格类型，时间、数据来源等。空间数据包括建筑物和宗地的空间信息。评估类数据为在城市整体估价体系中的房地产比价系数、评估分区的时间修正系数和批量评估价格等。质量控制体系涉及的数据众多，在此选择直接与评估相关的市场交易数据进行阐述。

市场交易案例是批量评估工作所需要的最重要的基础数据，其价格信息的可靠性直接影响到最终评估结果的质量。因此我们在进行批量评估过程前对市场交易案例做了重点控制。

从检查方式的选择上来看，交叉采用了软件自动检查和人工检查两种方式，软件自动检查是对全样本的市场交易案例通过正态离群筛选出同一楼盘内市场成交价格比较异常或离群的案例，通过中位数偏离筛选法筛选出相似楼盘市场成交价格比较异常或离群的案例；人工检查是通过人工电话询价、实际调研等方法来核实此部分案例的价格是否真实可靠。从检查样本方面来看，采用了全样本检查。检查内容主要是价格数据的真实性、一致性和准确性。从具体实现方法上看，对数据的判断结果如可靠，标记说明价格离群的原因，如不可靠，标记获取此部分案例可靠的价格信息，如果无法获取，则标记应剔除该部分案例。最后将检查结果及相关报告反馈给专业技术小组，由专业技术小组对这部分案例分析并吸收采纳。

三、数据质量评价

数据质量评价是指对数据质量进行评价和评估的过程。质量评价一方面可以对数据有一个客观公正的评价，让数据使用者了解数据的质量和可用性，为其提供参考价值，另一方面也对数据质量检查的结果进行评价，对于不符合要求的数据进行重新核查修改。

数据质量评价方法可以分为定性评价和定量评价，还可以分为直接评价和间接评价。我们在数据质量评价中大多采用定量评价和直接评价的方法组合，选取若干指标来评价数据的质量。根据数据检查的内容，主要有以下四类评价指标：

数据完整性指标，如数据的完整率、缺失率等。

数据真实性指标，如数据的真实率、失真率等。

数据一致性指标，如数据的一致率等。

数据准确性指标，如数据的正确率、错误率等。

当然，对于数据的评价指标没有固定的要求，评价指标以及指标的合格范围在借鉴相关标准和规范的前提下，主要是根据实际情况和需要来确定。

四、数据质量改进

数据质量改进的目标是在建立数据标准化体系基础上，通过整合、清理和挖掘等数据处理方法，形成一套完整的、标准化的数据管理、更新、改进体系，从而提高和完善现有数据质量，实现基础数据对房地产批量评估工作的有力支撑。

数据质量改进是一项系统性的工作，在实际操作中，对数据的改进主要从以下四个方面考虑：

1. 从技术层面上，对数据生产过程中存在的噪声数据、遗漏数据、失真数据、缺乏完整性或一致性的数据，需要进行数据清洗，并对清洗后的数据进行整理和重新入库。在对数据进行清洗之前，要做好数据的备份工作。

2. 从流程层面上，对源数据的清洗和整理要遵循一定的步骤，需要对其开展流程化、标准化的工作。

3. 从管理层面上，建立数据管理小组专门负责数据的管理、改进工作，完善数据管理标准规范，保证房地产批量评估工作顺利进行。严格管理数据提供者的数据采集规范，要求按照"谁提供，谁负责"的原则从数据采集环节就尽可能地保证源数据的完整性、准确性、一致性和时效性。

4. 从具体实现方法上，做到"一改、一审、一归档"。

"一改"是指在发现问题后，及时对数据做出修改。若遇到模糊不定、无法修改的情况时，则及时上报、协商解决。

"一审"是指在对数据进行修改后，要安排专员对数据进行审查，实行修改者与审查者共同责任制，保证数据质量。

"一归档"是指从源数据到改进后重新入库的数据，对关键步骤建立跟踪档案，为将来发现新的问题时提供可查的依据，实现数据质量管理的可追溯性。

数据质量改进是一个持续的过程，是一个不断完善和发展的过程，这主要体现在以下两个方面：

1. 在现有需求和状态下，继续改进数据质量。在这个过程中，一是要不断提高数据管理人员对数据的熟悉程度，二是要强化数据管理人员对数据质量重要性的认识程度，三是要数据管理人员加强相关专业知识的学习和储备，四是要继续完善数据质量标准和管理标准等相关规章制度。

2. 应用推进数据质量改进。数据质量改进的目的是为了支撑应用，不同的应用对数据的要求是不一样的。当我们有新的应用时，也可能对相关数据质量与时俱进地提出新的要求。因此要遵循"因地制宜，分步实施，不断完善"的原则来进行有针对性的数据质量改进工作。通过应用发现数据中存在的问题，将问题逐步解决后再应用到实际中去。这样，在实际应用的驱动下，不断循环往复地改进和完善数据。

五、数据更新与维护

房地产评估是一项持续的工作，整体测算所需的数据管理工作也要实现动态更新维护。数据动态更新维护主要是针对房地产价格数据和基础属性数据，由于数据量较多，并且对评估结果影响较大，应建立适当的动态更新维护机制和规范性的操作流程，以保障输入数据质量。

对于如何建立数据的动态更新维护机制，我们主要从以下几点着手：

1. 梳理数据收集工作，制定数据的定期采集机制；

2. 规范数据处理过程，制定数据处理规范与标准；

3. 建立数据入库标准化流程，形成定期的数据入库规则；

4. 做好数据库的运行监控和管理，对数据库进行定期的调整和优化；

5. 建立数据质量检查机制，最大限度地确保数据工作每个环节的数据质量问题；

6. 做好新数据与产权数据的匹配关联，使其能够为基准房价测算工作服务；

7. 建立固定的数据管理体制，制定各数据工作岗位的职责，提高数据管理的工作力度。

第四章　未登记私房整体评估关键技术

受限于数据获取难度大，未登记私房整体评估工作仍处于初步探索阶段，本章以深圳市原宝安区作为试点片区详细阐述整体估价法在私房评估中的应用。鉴于市场活跃程度和数据收集情况，评估对象选定为住宅类未登记私房（本章如未说明均指住宅类未登记私房）。原宝安区内私房数量多，楼栋数量、私房套数及建筑面积均占到全市的三分之一，同时根据监测，原宝安区内在售楼盘占深圳市的88.2%，因此原宝安区是理想的实验区域。

整体估价法实施主要分为7个流程：数据收集与整理、类似房地产集合划分、比价关系建模、交易价格确定、权重系数确定、房地产整体估价和适应性调整评估。其中类似房地产集合划分、比价关系建模、权重系数确定是关键流程，决定了整体评估的质量。本章结合整体评估在私房中的实践经验，详细阐述具体的操作思想、步骤及流程。

第一节　评估集合划分

评估集合是比价关系生效的最大范围，建筑集合划分参考区域以及房地产类别两方面指标。进行评估同质区域划分，即通常所说的评估分区，主要考虑区域因素对于房地产价值的影响。位置因素是影响房地产价值的最大因素，通过评估集合的划分，确定可比房地产的边界，符合比较法中可比案例选择的基本要求。

一、划分原则

未登记私房整体评估集合划分标准依据未登记私房房产的分类特征、

基本属性和空间分布情况，以现有数据为基础，参照深圳市空间信息统一基础网格划分标准，建立多粒度、跨尺度、可调节的分区集合。

基础网格单元是一种特殊的网格单元，其空间能够无缝的聚合为不同职能部门专业的网格单元。每个基础网格单元被赋予唯一的标识符。规划标准分区主要以城市规划的功能布局为依据，结合现有行政辖区，以主干路网为边界进行划分。深圳市拟划分为约50个"大区"，每个"大区"分为10个左右的"片区"。深圳市共划分"片区"440个，"片区"可作为法定图则项目控制的范围。

鉴于未登记私房的性质大多为原住村民自建的统建楼，依附于村集体的集体土地，参照基础网格划分标准可顾及现实的法定原则、现状管理以及人类活动的聚集群落效应。

评估集合划分从区位角度出发，依托街道办、标准分区、基础网格的划分标准，兼顾地域要素、经济要素、社会要素以及社会心理要素，遵循区域相连、供求相似、数量合理的原则。

集合划分遵循原则有：

1. 区域相连的原则

相连区域决定了房地产其他特征的相似，比如位置、交通、配套、景观、商业繁华程度等，区域还造就了相邻小区可能处在相同的供求关系之中，从而形成区域相近的住宅价格也相近，具有可比性。

2. 供求相似的原则

相连区域的住宅不一定在同一供求关系中，还受政策、住宅本身的品质等因素的影响，因此还需考虑住宅本身的特质。

3. 数量适当的原则

数量合理是指评估集合内住宅的数量应当合理，不能太少或太多。太少可能造成区域内部各个时段的交易数据过少，难以找到可比案例，若数量不足，可以适当合并扩大区域。太多会使分区失效，降低评估精度，可在实际操作过程中做进一步拆分。

4. 布局合理的原则

布局合理是指同评估集合内住宅的空间分布应当合理，应依据住宅群的分布形态、分布密度等特征合理划分。

二、划分规则

1. 未登记私房分类

房地产的类别划分标准有多种，通过借鉴国内外经验，结合深圳本地的实际情况和数据库基础，对深圳未登记私房进行分类。

按照房地产的用途，首先可将其分为住宅、商业、工业、农牧设施用房、公共服务及其他，共计六大类房地产。住宅类别的建筑形式多种多样，有类似商品楼盘的成套住宅、私宅、宿舍甚至还有老平房和加建祖屋、祠堂等。集合划分时，依据深圳市政府2013年243号函件批复的建筑用途的法定标准，将居住类私房归纳进入三类标准用途：多栋成套类私房（以下简称多栋成套）、私人自建房和宿舍类私房（以下简称宿舍）。多栋成套类私房指依照商品房小区开发模式，两栋以上高层成套住宅建筑构成一个楼盘，一般都有楼盘名称且占地较大；私人自建房一般是占用历史上划定的原农村宅基地建设的单栋住宅楼，这种自建房一般占地100—150平米左右，一般房东住顶楼，底下楼层出租，普遍套内面积较小；宿舍类私房一般是在工业园区周边一些公司工厂搭建的员工宿舍，一般是门和阳台对开的单住房。

图4-1 住宅类未登记私房分类图

2. 集合划分规则

根据未登记私房的类型，评估集合分为两类：多栋成套类私房评估集合和私人自建房（含宿舍）评估集合。采用"逐层叠加、迭代细分"的方法。

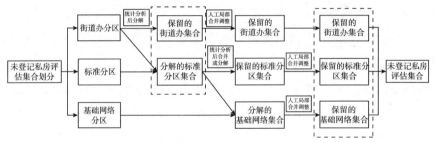

图4-2　评估集合划分流程图

相关步骤说明如下：

（1）以街道办、标准分区、基础网格三层分区为基础，统计每种分区各网格内房屋楼栋数量的均值、众数和标准差，以此确定评估集合每个分区内楼栋数量的合适阈值。

（2）从最粗粒度的街道办分区开始，到最细粒度的基础网格分区结束，每层根据楼栋数量的密度进行拆分与合并。其中，基础网格分区为集合的最小划分单元，只有合并操作。

（3）三层分区的网格合并应遵循前文叙述的原则，不应出现跨界的现象。网格分解的条件基于步骤（1）中设定的阈值。

（4）对三层分区进行迭代细分，合并每层保留的网格集合，最终得到未登记私房的评估集合。

未登记私房评估集合划分充分考虑空间数据的完整性和网格的离散性之间的关系，确定以"街道级—标准分区级—基础网格"逐步细化的划分方法，对每个标准分区进行精细网格划分，合并后形成的评估集合，类似于网格金字塔，能承载不同层次信息。

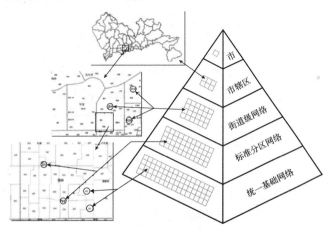

图4-3　评估集合划分金字塔模型

三、实施策略

实际评估过程中，我们发现私人自建房经常出现密度极大的聚集情况，多栋成套类私房和宿舍类私房分布较为分散。为直观反映私房在空间上的分布情况，可以基于标准网格制作私房密度分布图。如图4-4所示，该图为沙井街道基础网格私人自建房密度图，图中颜色越深表示该区域内私房密度越大。基础网格分区是集合划分的最小单元，往上分别是标准分区街道办分区。私房密度大的区域成为集合划分的起始种子区域，以此为中心进行向上层级的合并与拆分。

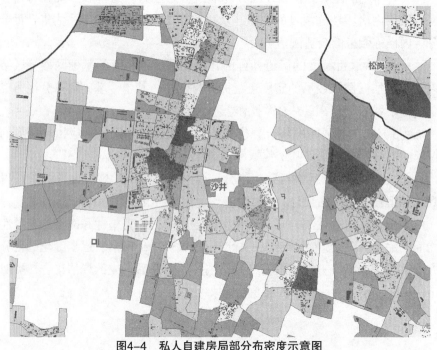

图4-4　私人自建房局部分布密度示意图

集合划分过程中基于网格的合并与拆分并无严格的操作准则，需要根据不同区域的具体情况来定。总体的操作策略有：临近优先、区位分离、零散归置。

临近优先遵循区位相近原则，考虑房屋的类别与品质，优先将分布密度大的房屋划分在同一集合中，这点在私人自建房类别中尤为明显，如图4-5所示，图中房屋呈纵向紧密分布，根据实地调查可知，该区域房屋沿主干道两边均匀分布，房屋建成年代久远，房屋品质较差。在划分过程中，我们将其整个划为一个集合，虽然集合内私房数量众多，但并未继续进行拆分，如图4-6所示。

图4-5　私人自建房分布示意图1

图4-6　临近优先策略实施图

　　区位分离是指空间上分布不相邻的房屋不应划在同一集合内，在街道办、网格的交界处、高等级道路（如高速公路）分隔处等，均需进行集合划分的分离操作。如图4-7中，广深高速纵向分布，将左右两边的房屋

分隔开来，即使有距离相近的房屋，也需将它们划分在不同集合中，如图
4-8中中间两个深色集合所示。

图4-7　私人自建房集合划分示意图2

图4-8　区位分离策略实施图

当空间中有房屋处于孤立分布且数量很少时，可考虑适当放宽集合合并的阈值，通过人工判断这些房屋归并到附近的哪一集合中，应尽量归并到品质相似、数量较多的集合中。如图4-9所示，中间圆框内有三栋独立分布的私房，数量上不足以构成一个集合，通过距离与房屋品质判断，将其归于下方集合中，如图4-10所示。

图4-9　私人自建房集合划分示意图3

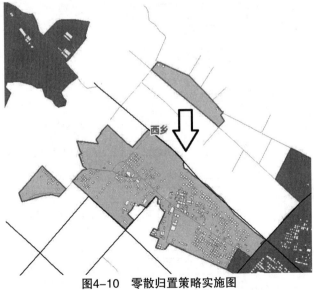

图4-10　零散归置策略实施图

第二节　比价关系构建

比价关系是指在评估集合内，将每一套房地产通过一定的数量关系联系起来。比价关系适用的最大范围为评估集合，集合间的房地产不能建立比价关系。一般理论认为，集合内价格相差不能超过20%。

一、比价影响因素

针对普通住宅同质分区，同一评估分区内房地产宏观相似度较高，但是微观上依旧存在较大差异，需要进一步划分区内房地产品质，构建评估集合。区内房地产品质划分（集合构建）需要考虑多个要素，其中包括区位因素和实物因素两大类。具体考量指标如图4-11所示。

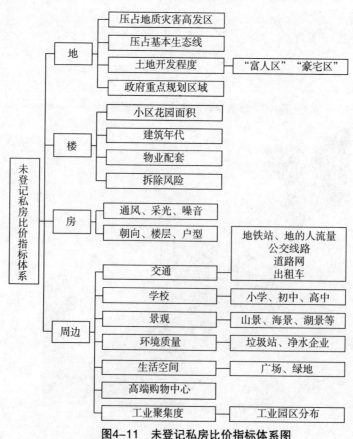

图4-11　未登记私房比价指标体系图

依据"地-楼-房"三层基准评估数据模型，上述影响因素对应的是"地"和"楼"两个层面，针对到"房"，还需考虑以下因素：

	特征因素	指标
水平修正	景观	是否有内外部景观，视线遮挡情况如何
	朝向	是否朝南或东南
	户型	户型实用率情况
	噪音	是否临近道路
垂直修正	总楼层数	属于多层、高层还是低层
	所在楼层	涉及景观情况及便利程度

二、比价指标调查

比价关系涉及指标很多，这些都是在人们认知中普遍对房价有影响的因素。但从定性到定量衡量各个指标会遇到很多问题，比如怎样算坐地铁便捷，房龄多久算新，如何定义周边环境好等等。这些指标并没有统一的衡量标准，为了防止闭门造车，更科学地进行计算，我们通过问卷调查的方式将指标具象化，同时给出合适的选项供受访者选择。设计问卷时主要遵循简明有效的原则，防止出现语义含糊不清、界限模糊不明的情况，使受访者能快速方便的给出答案。

问卷主要分两部分，第一部分关于具体指标的细化，涉及指标分级值域的范围和分级的规则，第二部分关于各指标的重要性排序，主要考量人们满足住房需求时优先考虑的因素，这样在构建比价关系时有所侧重。具体的问卷表格如表4-1所示。

表4-1　比较指标问卷调查表

序号		调查内容	
1	地铁站点	您认为步行至地铁站入口____为便捷 _____一般	A 5分钟以内　B 5~10分钟 C 10~15分钟　D 15~20分钟 E 20分钟以上 F 或者在横线处填写您认为合适的值
2	建筑年代	您认为二手房按建成年限划分新旧等级，建成_____为新 _____较新 _____一般 _____较旧 _____老旧	A 5年以内　　B 5~10年 C 10~15年　　D 15~20年 E 20~25年　　F 25年以上 G 或者在横线处填写您认为合适的值

序号		调查内容					
3	花园小区(绿化率)	您认为住宅小区花园面积占小区用地面积（绿化率）的_____为优 _____中等 _____差？	A 50%~70%　B 30%~50% C 20%~30%　D 20%以下 E 或者在横线处填写您认为合适的值				
4	学校	您在初次购房考虑教学资源时以_____优先，_____其次，_____最后？（每项可多选） A、幼儿园　B、小学　C、初中					
5	环境质量	您认为垃圾处理站、高压线路、基站、净水企业等距离居住地点_____范围内有影响？ A、500米　B、1000米　C、1500米　D、或者在横线处填写您认为合适的值					
6	生活空间	您认为从住所步行到附近的公园、广场、绿地 _____为近 _____适中 _____比较远？	A 5分钟以内　B 5~10分钟 C 10~15分钟　D 15~20分钟 E 20分钟以上 F 或者在横线处填写您认为合适的值				
7		请在空白处填入您认为会影响房价的其他因素并在9项的空白处进行相应打分					
8		请在空白处填入您认为会影响房价的其他因素并在9项的空白处进行相应打分					
9	影响因素重要程度调查	您认为以下因素对房价的重要性如何？请在相应表格下进行打分（5分制，0分表示不重要无影响，5分表示最重要）					
		地质灾害高发区[1]	5	4	3	2	1	0
		基本生态线[2]	5	4	3	2	1	0
		小区花园	5	4	3	2	1	0
		建筑年代	5	4	3	2	1	0
		物业	5	4	3	2	1	0
		电梯	5	4	3	2	1	0
		地铁站点	5	4	3	2	1	0
		地铁站日均客流量[3]	5	4	3	2	1	0
		公交站点	5	4	3	2	1	0
		出租车方便程度[4]	5	4	3	2	1	0

序号	调查内容						
9	影响因素重要程度调查	道路网密度[5]	5	4	3	2	1	0
		学校	5	4	3	2	1	0
		环境质量	5	4	3	2	1	0
		生活空间（绿地、广场、公园等）	5	4	3	2	1	0
		景观（海景、山景等）	5	4	3	2	1	0

问卷设计完成后，派发到与未登记私宅销售相关的中介进行试调查，咨询指标内容、问卷设计等各方面存在的问题与意见。总结试调查问卷问题与建议后，对指标以及问卷进行修改，再扩大调查范围，进行正式问卷调查。正式调查结束后，需要对回收问卷进行检查审核。通过答题是否完整规范初步判断问卷是否合格；将各项指标答案无纸化录入，统计分析各选项答案。

其中一项重要内容是计算各项指标影响权重，计算方法如下：

问卷N_1

因子	A_1	A_2	A_3	A_4	$\cdots$	A_n
打分	N_1a_1	a_2	a_3	a_4	$\cdots$	A_n

...

问卷N_i

因子	A_1	A_2	A_3	A_4	$\cdots$	A_n
打分	N_ia_1	N_ia_2	N_ia_3	N_ia_4	$\cdots$	Nian

假设收回有效问卷N共有i份，执行以下步骤：

1. 对每份调查问卷进行归一化，排除分值大小对权重计算的影响，则对于问卷i，因子An的权重：

$$R_{N_iA_n} = \frac{Na_n}{\sum Na_n} \times 100\%$$

即得到每份问卷中各因素相对分值。

2. 对每份问卷执行步骤1的归一化，并对各因子的权重值进行数理统计，剔除异常值。

3. 对因子An在所有问卷中的$R_{N_iA_n}$求取算术平均值，即因子An的权重：

$$W_{An} = \frac{\sum_i R_{NiAn}}{i}$$

统计分析流程如图4-12所示。

图4-12 比价指标调查统计分析流程图

三、比价指标构建

依据《深圳市城市规划标准与准则》中对建筑与设计用途的分类，以及实际调查过程中遇到的私房类型，对深圳市现有住宅类未登记私房划分为：私人自建房、多栋成套私房和宿舍三大类（集合），进而确定各集合比价关系划分指标并给出指标打分方案。

1. 私人自建房比价指标

（1）交通条件

周边地铁情况：根据未登记私房不同范围内是否有地铁站点出入口进行判断打分，无地铁情况修正0分，按等级一次修正1分。

等级	地铁	打分
便捷	周边0.5公里范围内有地铁站点出入口	+2
一般	周边1.5公里内有地铁站点出入口	+1
其他	不符合上述情况	0

周边公交情况：分为五个等级，一般情况为0分，按等级上下修正1分。

等级	公交	打分
便捷	周边0.2公里范围内有6个以上公交线路	+2
较便捷	周边0.5公里范围内有6个以上公交线路	+1
一般	周边0.5公里范围内有3-6个公交线路	0
较差	周边0.5公里内有2个以上公交线路	-1
差	不符合上述情况	-2

周边道路情况：分为五个等级，一般情况修正值为0分，按等级上下修正1分。

等级	道路	打分
便捷	周边1公里路网长度大于25000米	+2
较便捷	周边1公里路网长度指数小于25000米大于20000米	+1
一般	周边1公里路网长度指数小于20000米大于12000米	0
较差	周边1公里路网长度指数小于12000米大于6000米	-1
差	周边1公里路网长度指数小于6000米	-2

（2）周边景观

根据估价对象所在位置的景观状况分为好、较好、一般、较差和差五个等级，以一般情况修正值为0，向上或向下一个等级，指数向上或向下修正1。

等级	周边景观	打分
好	海景、山景、湖景、森林公园、高尔夫之一的自然景观	+2
较好	城市公园景观、较好的城市景观	+1
一般	一般的城市景观	0
较差	较差的城市景观	-1
差	脏乱差	-2

（3）学校

根据未登记私房周边配套学校完备程度进行分等级打分，无学校情况修正为0分，按等级一次修正1分。

等级	学校	打分
完备	房屋所在片区内有小学、初中	+3
较完备	房屋所在片区内有小学	+2
一般	房屋所在片区内有初中	+1
差	不符合上述情况	0

（4）生活空间

根据未登记私房距离广场、绿地远近进行打分，距离远修正为0分，每向上一个等级修正值为1分。

等级	生活空间	打分
近	D<1000米	+2
适中	1000≤D<1500米	+1
远	D>1500米	0

（5）环境质量

根据私房是否处于高压线路、基站、垃圾发电厂、垃圾焚烧厂等污染源1500米范围内进行判断打分，不处于修正值为0分，处于1500米内向下修正1分。

等级	环境质量	打分
是	空气质量好，卫生状况整洁干净，周围没有噪音、高压线路、基站、垃圾发电厂、垃圾焚烧厂等污染源	0
否	空气质量较好，卫生状况较整洁干净，周围没有轨道交通噪音、高压线路、基站、垃圾发电厂、垃圾焚烧厂等污染源，存在轻微汽车噪音	−1

（6）基础设施完善度

电梯情况：根据该未登记私房有无电梯进行判断打分，有电梯修正值为0分，无电梯修正值为−1分。

电梯	打分
有电梯	0
无电梯	−1

物业情况：物业：根据该栋未登记私房有无物业管理单位进行判断打分，有物业修正值为0分，无物业修正值为−1分。

等级	物业	打分
有	Has_watch不为空	0
无	Has_watch为空或无	−1

（7）建筑年代

建筑物年代：根据未登记私房建成年代分为五个等级，一般情况修正值为0分，向上或向下一个等级修正值为2分。

等级	建筑年代（按竣工时间计算）	分级打分
新	n≥2010	+4
较新	2005≤n<2010	+2
一般	2000≤n<2005	0
较旧	1995≤n<2000	−2
老旧	1995年以前	−4

（8）工业聚集度

工业聚集度：根据宿舍距离工业区的远近程度分为四个等级，一般情况修正值为0分，向上或向下一个等级修正值为1分。

等级	产业聚集度	打分
优	距离工业区200以内	+2
较优	距离工业区200-400米内	+1
一般	距离工业区400-600米以内	0
较差	距离工业区600米以外	−1

2. 多栋成套类私房比价指标

(1) 交通条件

周边地铁情况：根据未登记私房不同范围内是否有地铁站点出入口进行判断打分，无地铁情况修正0分，按等级一次修正1分。

等级	地铁	打分
便捷	周边0.5公里范围内有地铁站点出入口	+2
一般	周边1.5公里内有地铁站点出入口	+1
其他	不符合上述情况	0

周边公交情况：分为五个等级，一般情况为0分，按等级上下修正1分。

等级	公交	打分
便捷	周边0.2公里范围内有6个以上公交线路	+2
较便捷	周边0.5公里范围内有6个以上公交线路	+1
一般	周边0.5公里范围内有3~6个公交线路	0
较差	周边0.5公里内有2个以上公交线路	−1
差	不符合上述情况	−2

周边道路情况：分为五个等级，一般情况修正值为0分，按等级上下修正1分。

等级	道路	打分
便捷	周边1公里路网长度大于25000米	+2
较便捷	周边1公里路网长度指数小于25000米大于20000米	+1
一般	周边1公里路网长度指数小于20000米大于12000米	0
较差	周边1公里路网长度指数小于12000米大于6000米	−1
差	周边1公里路网长度指数小于6000米	−2

（2）周边景观

根据估价对象所在位置的景观状况分为好、较好、一般、较差和差五个等级，以一般情况修正值为0，向上或向下一个等级，指数向上或向下修正1。

等级	周边景观	打分
好	海景、山景、湖景、森林公园、高尔夫之一的自然景观	+2
较好	城市公园景观、较好的城市景观	+1
一般	一般的城市景观	0
较差	较差的城市景观	−1
差	脏乱差	−2

（3）学校

根据未登记私房周边配套学校完备程度进行分等级打分，无学校情况修正为0分，按等级一次修正1分。

等级	学校	打分
完备	房屋所在片区内有小学、初中	+3
较完备	房屋所在片区内有小学	+2
一般	房屋所在片区内有初中	+1
差	不符合上述情况	0

(4) 生活空间：

根据未登记私房距离广场、绿地远近进行打分，距离远修正为0分，每向上一个等级修正值为1分。

等级	生活空间	打分
近	D<1000米	+2
适中	1000=<D<1500米	+1
远	D>1500米	0

(5) 环境质量

根据私房是否处于高压线路、基站、垃圾发电厂、垃圾焚烧厂等污染源1500米范围内进行判断打分，不处于修正值为0分，处于1500米内向下修正1分。

等级	环境质量	打分
是	空气质量好，卫生状况整洁干净，周围没有噪音、高压线路、基站、垃圾发电厂、垃圾焚烧厂等污染源	0
否	空气质量较好，卫生状况较整洁干净，周围没有轨道交通噪音、高压线路、基站、垃圾发电厂、垃圾焚烧厂等污染源，存在轻微汽车噪音	−1

(6) 基础设施完善度

电梯情况：根据该未登记私房有无电梯进行判断打分，有电梯修正值为0分，无电梯修正值为−1分。

电梯	打分
有电梯	0
无电梯	−1

物业情况：物业：根据该栋未登记私房有无物业管理单位进行判断打分，有物业修正值为0分，无物业修正值为−1分。

等级	物业	打分
有	Has_watch不为空	0
无	Has_watch为空或无	−1

小区花园情况：根据小区花园占小区占地面积比率进行判断打分，分

为三个等级，一般情况修正值为0分，向上或向下一个等级修正值为1分。

等级	花园面积	打分
大	P>=50%	+1
一般	25%=<P<50%	0
小	P<25%	−1

(7) 建筑年代

建筑物年代：根据未登记私房建成年代分为五个等级，一般情况修正值为0分，向上或向下一个等级修正值为2分。

等级	建筑年代（按竣工时间计算）	分级打分
新	n>= 2010	+4
较新	2005=<n<2010	+2
一般	2000=<n<2005	0
较旧	1995=<n<2000	−2
老旧	1995年以前	−4

(8) 建筑容积率

级别	建筑容积率	打分
一级	2.5–3.0	0
二级	3.0–3.5	−1
三级	3.5–4.0	−2
四级	4.0–5	−4
五级	5以上	−6

(9) 主力户型

主力户型是指小区内众多户型中占面积比重最大的户型，一定程度上反映了小区的定位，可分为五个等级。

级别	建筑面积（平方米）	评分
一级	120及以上	0
二级	90–120	−1
三级	60–90	−2
四级	40–60	−4
五级	40以下	−6

(10)楼层修正参考表

总楼层数	楼层差（%）
18–30层以上	0.3
12–17层	0.6
8–11层	0.8
顶层复式	3–10

3. 宿舍类私房比价评估指标体系

宿舍类未登记私房比价关系指标体系与私人自建房比价指标体系一致。考虑到宿舍多为工业厂房的配套设施，其业聚集度指标上的权重要大于私人自建房。

等级	产业聚集度	打分
优	距离工业区200以内	+4
较优	距离工业区200–400米内	+2
一般	距离工业区400–600米以内	0
较差	距离工业区600米以外	−1

综上所述，区位对未登记私房评估的影响可以归纳为下表：

共有因素	私人自建房与宿舍特有因素	多栋成套私宅特有因素
交通		建筑容积率
景观		主力户型
学校		
生活空间	工业聚集度	楼层
环境		
基础设施		小区花园
建筑年代		

4. 比价结果

依据上述未登记私房整体评估技术路线，下面将详细介绍住宅类未登记私房平均单价的测算的部分过程。首先是共有因素的评价计算过程。

1. 共有因素

a. 地铁便捷度指标

利用ArcGIS Desktop Arc Toolbox中的Multiple Ring Buffer功能，对于深圳市地铁站点及其出入口空间分布进行多级缓冲区分析，缓冲距离设置为500，1500米以及其他三个档次，分别给予+2，+1，0三个档次的打分，指标计算结果如图所示。住宅类未登记私房与指标计算结果进行空间连接操作（Spatial Join），从指标计算结果中提取出每一栋楼相应的地铁便捷度打分。结果如图4-13所示。

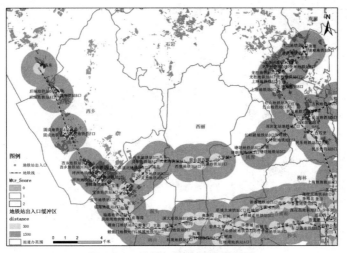

图4-13　地铁便捷度打分结果图

b. 公交线路指标

统计建筑物附近200米和500米内，公交站点线路的数量。利用ArcToolbox里的缓冲区工具，建立待评估建筑200米和500米的缓冲区面，并合并这两个面。然后利用"交集制表"工具，统计出200米和500米缓冲区内公交路线的数量。按照打分标准，建筑物周边0.2公里范围内有6个以上公交线路得2分，周边0.5公里范围内有6个以上公交线路得1分，周边0.5公里范围内有3-6个公交线路得0分，周边0.5公里内有2个以下公交线路-1分，不符合上述情况-2分。结果如图4-15所示。

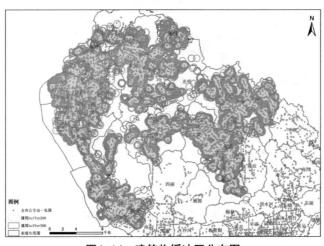

图4-14　建筑物缓冲区分布图

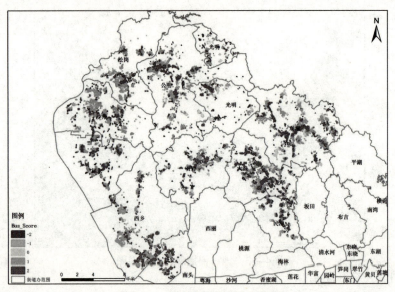

图4-15　公交便捷度打分结果图

c. 道路便捷度指标

根据深圳市路网数据，计算楼栋1公里范围内道路长度之和，并进行分级打分。打分方案如上节所示，指标计算结果如下图所示，未登记私房一张图与指标计算结果进行空间连接操作（Spatial Join），从指标计算结果中提取出每一栋楼相应的周边路网长度打分。

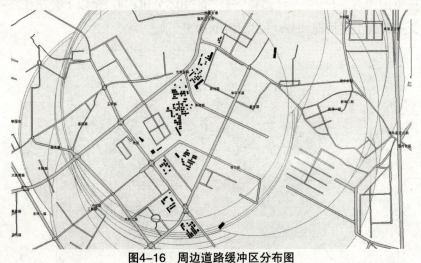

图4-16　周边道路缓冲区分布图

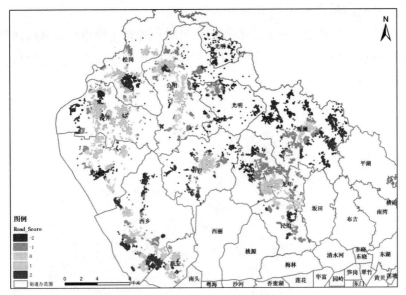

图4-17 周边道路长度打分结果图

d. 学校资源

根据初中、小学分布情况，未登记私房所在片区内有小学、初中修正值为3分，房屋所在片区内仅有小学修正值为2分，房屋所在片区内仅有初中修正值为1分，不符合上述情况修正值为0分。

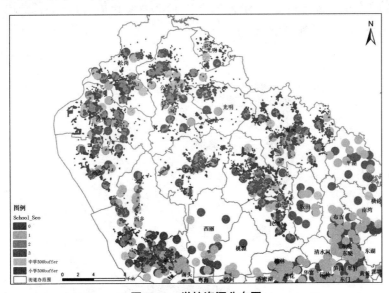

图4-18 学校资源分布图

e. 环境质量指标

通过建筑物普查一张图，获取污水处理厂等对于周边环境造成污染的基础设施空间分布，对这些基础设施矢量建立多级缓冲区，并进行打分，如下图4-19所示，

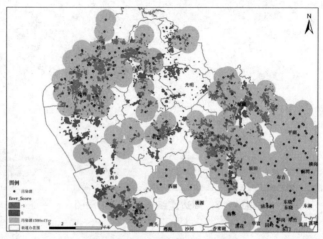

图4-19   周边环境质量打分图

f. 生活空间指标

深圳市广场绿地数据建立多重缓冲区，私房距离广场绿地1000米以内修正值为2分，私房距离广场绿地1000~1500米修正值为1分，私房距离广场绿地1500米以外修正值为0分。

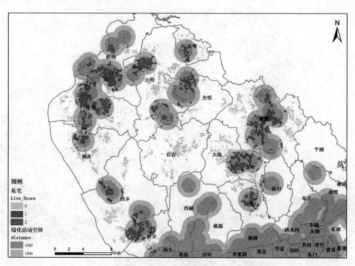

图4-20   生活空间打分图

g. 基础设施完善度指标

从电梯和物业两个角度评价楼栋的基础设施完善度，这两方面数据来源于租赁办数据、未登记私房一张图数据（二者已经综合放置于系统数据库中，字段分别为HasLift，HouseWatch），如下图所示，无电梯的楼栋，给予-2分的减分，无物业的楼栋，给予-1分的减分。

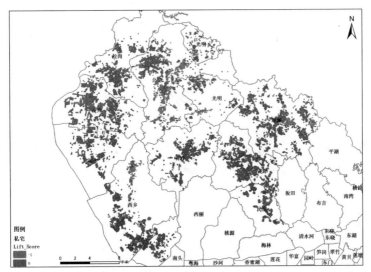

图4-21 基础设施完善度（电梯）打分图

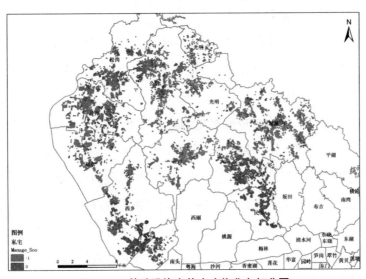

图4-22　基础设施完善度（物业）打分图

h. 建筑年代指标

利用未登记私房一张图中的"竣工时间"字段进行分级,5年一个档次,1995年–2000年楼栋给予0分,每向上向下5年,指标增加或减少2分。1990年以前建设的楼栋同意给予–4的打分。建筑年代指标空间分布如图4–23所示。

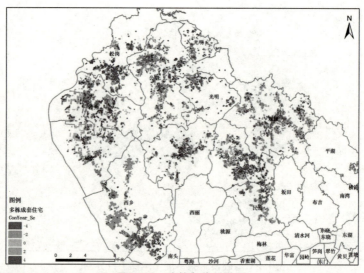

图4–23　建筑年代打分图

2. 多栋成套私宅特有因素

多栋成套私宅虽然占比相对村民私宅小很多,但其交易具有活跃以及成规模化产业化的特征,因此其评估工作在整个未登记私房计税评估工作中具有显著重要的地位。

严格的说,对于多栋成套私宅,应该参照"地(小区)　楼栋　房屋"三个层面进行打分,多栋成套私宅比价关系其基础性工作是小区之间的比价关系,小区之间比价关系建立的评价指标包括:交通条件、周边景观、公用配套设施、环境质量、小区规模、物业管理、车位电梯等配套服务设施、主力户型、建筑容积率。但是由于未登记私房社区普查信息缺失,针对用地(社区)层面的打分工作难以展开,因此,目前的评估打分工作直接针对楼栋展开比价关系建立，将上述小区的评价指标落实到楼栋上，将小区的比价关系要素作为楼栋的修正指标。户型和容积率由于数据缺失，此处未给出示例。

（1）小区花园

小区是多栋成套私宅特有的概念，与商品房类似，这种类型的私房也有小区名称，通常包含多个楼栋，同时有门卫、物业等配套。在计算小区花园时，由于没有准确的绿化率数据，我们采用小区内除建筑物占地面积以外的空间作为花园空间处理。结果如图4-24所示。

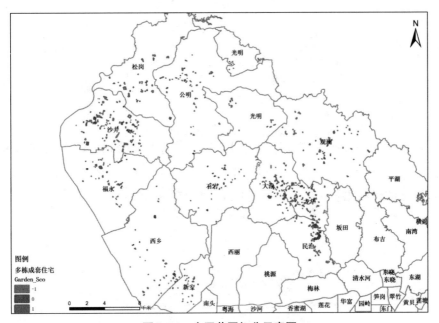

图4-24　小区花园打分示意图

3. 私人自建房与宿舍特有因素

（1）工业聚集度

指标构建过程与私人自建房一致，由于宿舍与公寓的特殊性，宿舍的价值收到工业区距离的影响更为显著，这里产业聚集度指标相对私人自建房给予高一倍的评分标准。工业聚集度指标如下图4-25所示。

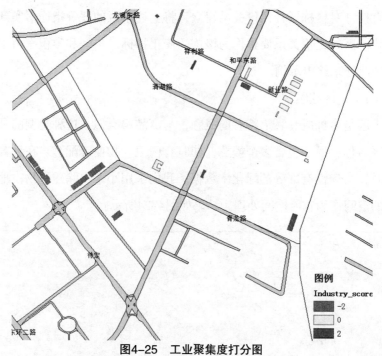

图4-25　工业聚集度打分图

　　以上为部分指标打分过程。设定每个楼栋基础分100分，与这栋楼的上所有指标分进行累加，即可获得楼栋综合打分（综合打分除以100即一般意义的楼栋比价关系），如图4-26、4-27、4-28所示。

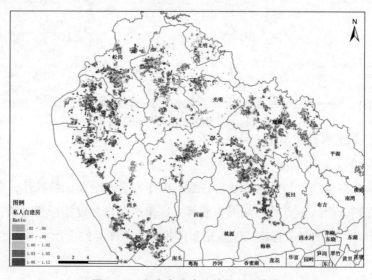

图4-26　私人自建房比价关系示意图

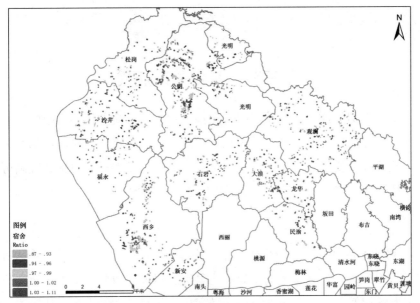

图4-27　宿舍比价关系示意图

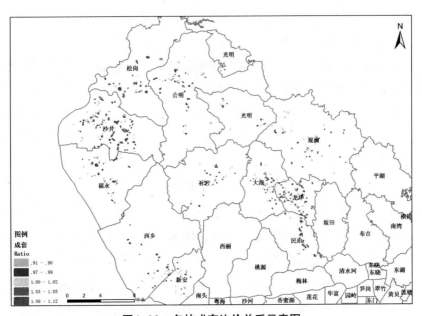

图4-28　多栋成套比价关系示意图

第三节 其他关键流程

交易案例是评估的数据基础，在很大程度上影响着评估结果的质量与精度，在评估过程中，务必采集到尽可能真实、可靠、足量的市场交易案例。缺乏好的交易案例，无论运用再精准的评估模型也无法得到准确可靠的评估结果；交易案例过少，采用比较法评估房地产价值更无从谈起。

一、可比案例选取

可比案例选取是比较法的难点与关键，通常来说，应选择与待估房地产最为相近的实际交易案例作为可比案例。但该如何判断待估房地产与交易案例的相似程度，应该如何选取最为相似的交易案例作为待估房地产的可比实例，这是每个评估师需要解决的问题。房地产价格受众多特征属性影响，这就需要对相似度进行合理的定义，并确定一定的可比案例筛选标准。可比案例筛选的具体方式如下：

1. 遵循从楼栋到小区（针对多栋成套私房）再到集合有层次的可比实例搜索方向。通常情况下，与待估房地产处于相同楼栋的交易案例具有最大的相似性。因此，首先在相同楼栋搜索可比实例，相同小区（针对多栋成套私房）次之，交易不活跃的小区的交易实例很少，可以扩大到集合范围内搜索可比实例。

2. 非小区内的可比实例搜索按照特征属性相似的原则。其中选用作为判断相似性的特征因素：一是楼栋建筑类型，分为私人自建房、多栋成套私房和宿舍公寓；二是楼栋建筑年代，优先选取与待估房地产竣工日期相近的交易案例；三是房屋性质，选择相同房屋性质的交易案例。

3. 非小区内的可比实例搜索采用地理信息的空间搜索技术。区位是房地产最重要的影响因素，对房地产价格的影响有决定性的作用。通过对楼栋进行空间信息化，根据一般居民的生活半径在800-1000米范围内，我们建立三级搜索，依次按照500米内、500米至1000米、1000米至评估集合范围内三个层次来搜索可比实例，直到找到需要的可比实例为止。

4. 可比实例与待估房地产应该具有最大的相似性，可比实例与待估房地产的相似度可以通过1-3条的原则定性，但进一步需要采用比价关系定量比较。与待估房地产之间修正量越小的交易案例，说明其与待估房地产越相似，因此，优先选取修正量最小的交易案例作为可比实例。

5. 可比实例选取还应该满足比较法的评估原则。总是优先选择总修正量更小的交易案例作为可比实例。

二、求取比准价格

筛选可比实例的异常值后，可以得到楼栋内、小区间（针对多栋成套私宅）以及评估集合内等三种不同来源的比准价格，这些比准价格与待估房地产的密切程度是有差异的，楼栋内的案例与待估房地产息息相关，案例的价格影响着待估房地产的评估价值；小区内案例与待估房地产价格相关性比较强，评估集合内的案例相关度最低。因此，对于不同来源的交易案例，应该有所区别，我们通过赋予楼栋内、小区内（针对多栋成套私宅）以及评估集合内案例不同的权重来体现这种差别，楼栋内案例的权重最大，小区内案例次之，评估集合内案例最低。然后通过比价关系确定待估房地产与交易案例之间的价格比例，通过这种方式最后加权平均求出待估房地产的价格。具体计算方式如下：

$$
\begin{bmatrix} \alpha_{11} & \alpha_{12} & \cdots & \alpha_{1n} \\ \alpha_{21} & \alpha_{22} & \cdots & \alpha_{2n} \\ \cdots & \cdots & \cdots & \cdots \\ \alpha_{n1} & \alpha_{n2} & \cdots & \alpha_{nn} \end{bmatrix}_{n \times n}
\begin{bmatrix} w_{11} & w_{12} & \cdots & w_{1n} \\ w_{21} & w_{22} & \cdots & w_{2n} \\ \cdots & \cdots & \cdots & \cdots \\ w_{n1} & w_{n2} & \cdots & w_{nn} \end{bmatrix}_{n \times n}
\begin{bmatrix} V_1 \\ V_2 \\ V_3 \\ \cdots \\ \cdots \\ V_n \end{bmatrix}
\xrightarrow[\text{数学变换}]{\text{通过矩阵}}
\begin{bmatrix} V_1^* \\ V_2^* \\ V_3^* \\ \cdots \\ \cdots \\ V_n \end{bmatrix}
$$

比价关系矩阵　　　比价关系矩阵　　　　交易价格矩阵　结果价格矩阵

第四节　评估结果

通过比价关系构建和评估案例选取，经过计算，可以得出待评房屋的价格，下图4-9为原宝安区各街道不同类型私宅的均价示意图。

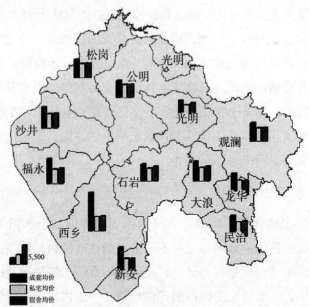

图4-29 原宝安区各街道不同类型私宅的均价示意图

具体均价如下表所示。

原宝安区各街道不同类型私宅均价

单位：元

街道	私人自建房		多栋成套类私房		宿舍类私房	
	记录数	加权平均价	记录数	加权平均价	记录数	加权平均价
新安	3178	5649.65	57	8170.88	47	5284.47
西乡	11165	5332.11	95	9138.14	459	4896.48
福永	9199	4188.55	132	7760.87	102	4280.53
沙井	11478	4166.58	352	6379.32	247	4280.49
龙华	5426	4365.89	258	7075.03	110	4217.68
大浪	6953	3922.77	379	5929.51	257	4135.99
观澜	14066	4013.48	198	5379.77	330	4152.14
松岗	8901	4151.1	132	5742.81	97	4281.7
民治	4248	5731.09	234	6280.26	81	5953.9
石岩	7216	3723.38	92	5148.56	209	4155.6
光明	8887	3564.59	43	5284.79	156	4167.7
公明	21942	3654.76	138	5166.09	746	4160.53
合计	112659	4301.01	2110	6329.57	2841	4454.36

第五章　评估结果分析与检验

　　为了保证评估结果的公平性和可靠性，评估方法和模型必须能够给出准确、公平一致的房地产价值，而用于评价整体评估结果准确和公平情况的首要方法就是比率分析。

　　比率分析是用统计学指标，对一组房地产的评估价值与市场价值的比率进行分析。市场价值是房地产在公开竞争市场上最可能达成的价格，前提假设是交易双方知晓详情，且有充分的时间进行交易，价格不受特殊因素影响。在比率分析中，市场价值通常是用实际成交价格来表示的。实际价格需要考虑成交时间、非典型融资、销售中包括的个人财产及其他因素，然后进行调整。不能代表公开市场的交易案例不可以用于比率分析。

　　单独的专家评估结果，也可以用来表示比率分析中的市场价值，特别在有效的销售数据不足或者房地产的价值不是基于市场价值标准评估的情况下。比如，在某些区域规定农地是基于产量或者使用用途来评估，而不是基于市场价值。此类房地产的比率分析设计要基于单独评估的价值来体现实际使用用途的要求。

　　特别是对于那些很容易获得销售案例的房地产，基于销售价格的比率分析是优先考虑的，因为这种方法非常经济、客观。在做比率分析时，我们运用国际估价官协会（IAAO）的比率分析标准。

第一节　比率数据的用途

　　比率分析的主要用途包括：检验整体评估模型的估价水平和一致性；内部质量管理与评估优先鉴别；确定是否应用行政管理标准或法定标准；确定时间趋势；在评估价值与重新评估之间进行调整。

比率分析统计不能应用于判定某个个案评估水平。统计指标可以用来把申诉房地产的评估价值调整到通常水平。比率分析的适用性范围包括：地方行政辖区应用比率分析作为首要的评估检验程序和最重要的技术性能分析工具，可以协助为辖区所有物业提供公平合理的评估结果；比率分析提供一种检验和评价整体评估模型的工具以保证评估结果符合可达到的准确性标准；比率分析在判断法律规定的一致性是否满足方面发挥着重要的作用。

比率分析不仅能对评估质量情况进行评价，而且是一种提高评估质量的手段。现实工作中，比率分析可以应用在评估基础数据质量检验、评估技术标准准确性检验、评估结果公平性检验等方面：一方面可促进评估结果质量的提高，另一方面也有利于减少争议，在提高工作效率的同时有效保证评估结果的合理性。

第二节　相关理论基础

一旦数据收集、核实、整合和调整工作完成，异常值处理和比率相关统计分析工作即可启动，主要包括以下几个步骤：

1. 样本中每个观测值都应计算出其比率（评估价值/市场价值）；

2. 图表等可以用来描述比率的分布情况；

3. 探索性数据分析，包括异常值识别，进行是否服从正态分布的统计假设检验；

4. 进行比率的估价水平和一致性统计指标分析；

5. 进行可靠性检验。

一、数据显示

提供比率数据轮廓或者图形的显示在说明一般模式或趋势方面是很有用的。特别是对于非统计背景的人士，显示的具体方式根据用途而定，比率分析中经常用到的方式有数组、频数分布、直方图、平面图和地图。

图形显示经常用于以下几个方面：显示一个样本是否充分代表某个组别的物业，显示比率分布的非正态性程度，描述评估的整体水平，描述一致性程度，描述价值偏离程度（累进性或累退性），比较组间的评估水平或一致性程度，找出异常比率值，找出具体机会提供评估质量，随时间追踪质量考核。

二、异常比率

异常比率就是样本中与其他比率值相比过低或过高的比率。用于推断总体参数的比率分析统计指标，会由于样本中出现信息扭曲的异常值而有效性大打折扣。一个极端的异常值会对一些统计量产生控制性影响。当然，有些统计测量，如中位数，对异常值不敏感，因此也不要求删减异常数据；尽管离散系数（COD）受极端比率值影响，它相对于变异系数（COV）和比率均值而言，影响程度要小得多。价格相关差（PRD）和加权比率平均数对高价销售的数据非常敏感，即使这些基于高价销售的比率与其他相比并无异常之处。

异常比率可以由以下几个方面的原因造成：（1）错误销售价格；（2）非市场销售案例；（3）非正常市场变化；（4）销售与评估的房地产不匹配；（5）某宗房地产评估出现错误；（6）某个子类分组房地产评估出现错误；（7）在数据处理或抄写过程中可能存在错误。

在比率分析的准备工作中，异常值应该这样处理：（1）发现异常值；（2）审核异常值以保证数据信息有效、错误被校正；（3）剔除异常值以提高样本数据的代表性。

三、估价水平检验

估价水平的估计是基于集中趋势的度量。估价水平（Appraisal Level）是指对指定区域内特定类型房地产进行评估得到的全面或典型的评估值与市场交易值的比率。我们知道，在整体评估中，评估值并不总是与体现市场价值水平的交易价格或个案评估结果保持一致。一般来说，对某个地区全部房地产的评估总值而言，虽然可以通过一定的方法和手段保证整体估价比率为100%，但在整体当中，某些高估的房地产的价值会被低估房地产的价值抵消。

比率分析对于估价水平的检验有多个指标，度量估价水平的统计指标有比率中位数、比率平均数及比率众数等。当其中的一个基于样本数据的指标计算出来，这个结果是一个点估计，对于样本来说是准确的，但这只是总体估价水平的一个统计指标。估价水平的置信区间可以检验样本统计相关指标可靠性，这些统计指标可以用作总体评估水平的预测值。值得注意的是，在没有运动置信区间和假设检验之前，不可以作出不符合股价水平标准的定论。

1. 比率中位数（Median Ratio）

在一组房地产交易数据中，可以找出处于在某个位置上的数据，用该数据代表该组数据的水平。

比率中位数是一组数据经排序后处于数列中间位置上的数值，常用 M_e 表示。中位数将全部数据等分成两个部分，每个部分包含50%的数据，一部分数据比中位数大，另一部分则比中位数小。用比率数列中间位置上的值代表数据的水平，其特点是不受极端值的影响，在研究评估结果与市场交易价值的股价水平时常用。

计算中位数时，要先对样本中 n 个比率进行排序，然后确定比率中位数的位置，最后确定比率中位数的具体数值。设一组比率数据 R_1，R_2，…，R_n，按从小到大排序后为 R_1，R_2，…，R_n，若数据位数为奇数，中位数是 $\frac{n+1}{2}$ 位置上的值；若数据位数为偶数，则中位数为 $\frac{n}{2}$ 和 $\frac{n+1}{2}$ 两个位置上的值的算术平均值。计算公式为：

$$M_e = \begin{cases} R(\frac{n+1}{2}), & n \text{为奇数} \\ \frac{1}{2}\left\{R(\frac{n}{2}) + R(\frac{n+1}{2})\right\}, & n \text{为偶数} \end{cases}$$

2. 比率算术平均数（Arithmetic Mean Ratio）

算数平均数也成为比率均值，它是一组比率相加后除以比率数据个数得到的结果。算术平均数在度量估计水平中也经常用到。

设一组样本比率数据为 R_1，R_2，…，R_n，样本量（样本数据的个数）为 n，则样本算术平均数用 $\bar{R}$ 表示，计算公式为：

$$\bar{R} = \frac{R_1 + R_2 + \cdots + R_n}{n} = \frac{\sum_{i=1}^{n} + R_i}{n}$$

3. 加权比率平均数（Weighted Mean）

加权比率平均数是一个由如下步骤计算而来的总体比率：求出样本中全部评估价值的总和；求出样本中全部销售价格的总和；用全部评估价值的总和除以销售价格总和求出加权比率平均数。加权平均值的计算公式为

$$\bar{R}=\frac{\sum A}{\sum S}$$

式中，$\sum A$为样本中全部评估价值的总和，$\sum S$为样本中全部销售价格的总和。

加权比率平均数意味着对于样本中每个比率值，根据其销售价格赋予相应比率的权重，与此相反，比率平均数和比率中位数赋予每个销售价格的是相等的权重。由于具有这样的赋权特点，加权比率平均数比较适合总体价值的集中趋势度量。

四、一致性检验

估价结果一致性（Appraisal Uniformity）是指对每个独立的房地产而言，估价的结果应该公平、公正地评估；其次，不同组别或类别房地产，应当按照市场价值的同一个水平或比例进行评估。总而言之，估价结果一致性要求房地产在组内或组间都能被平等、公正地评估。

对房地产分组（或分类）的原因在于，房地产的价值受用途、结构、建构年代、所处位置等因素影响较大，对房地产按照上述有关影响因素进行分类（或分组），组内房地产的同质性增强，可比较性也会提高。组内一致性是通过分析组内每个房地产的比率值与组整体的比率平均数之间的差别程度，以度量组内房地产评估结果的一致性；组间一致性是通过比较不同组别房地产的比率平均数（估价水平）情况进行衡量的，组间比率平均数差别大，通常意味着组间的估价水平存在差异，相应也会存在税负不公平的问题。

估价水平从横向和纵向两个层面衡量估价结果的不公平情况。横向不公平是指不同房地产组别由于房地产建筑物结构、位置、楼龄、面积大小，或者其他属性差异引起的估价水平差异。纵向不公平是指不同组别房地产由于技术标准对各类房地产价值定义的不同而导致的估价水平间的差异。

估价结果一致性的度量指标有：比率离散系数；极差、四分位差；比率平均绝对离差；比率标准差；比率变异系数。

1. 离散系数

离散系数（Coefficient of Dispersion，COD）是在比率分析中使用最为频繁的估价结果一致性分析指标。离散系数是在平均绝对离差的基础上进行计算的，但以相对数的形式加以表达。因此，离散系数对于估价结果一致性的衡量不但独立于估价水平，同时通过它也可以在组间进行直接的比较，也可以用于衡量组间估价结果的一致性或差异，比如评估管理机构可用离散系数衡量地区间的评估结果一致性及税负是否公平的情况。详细计算过程如下：

（1）每个比率值减去比率中位数；

（2）取已算出偏差的绝对值；

（3）对偏差绝对值求和；

（4）除以比率的总数得到AAD（比例平均绝对离差）；

（5）除以比率中位数；

（6）乘以100。

用比例平均绝对离差除以比率中位数，再乘以100，即离散系数。公式如下：

$$COD = \frac{AAD}{M_e} \times 100$$

式中，$AAD = \frac{\sum |R_i - M_e|}{n}$，AAD为平均绝对离差；$M_e$为比率中位数。

离散系数具有一个优点，就是它的解释并不依赖于比率是否满足正态分布的假设，总体来说，多于一半的比率是落在比率中位数的一个离散系数之内，离散系数不能用比率平均数来计算。

实际应用中，离散系数越小（≤15），估价结果一致性越好，数据的离散程度越小。

一般来说，除了下述情况外，小于5的离散系数是非常少见的：某些被政府或开发商严格控制售价的房地产；性质极端相似的房地产，例如位于同一个小区同一楼栋内的住宅单元；以个案评估数据作为比率分析参考，由于个案评估与整体评估采用了相同的评估标准；某些为与市场销售价格的匹配而调整过的评估值。

离散系数能够较好度量评估结果与市场价值的偏离情况，它的缺陷是不能为估价结果一致性提供关于概率分布状况的统计分析，如无法使用离散系数计算房地产在特定估价水平以上（如100）或者之间（如85-105）的估价可能性或概率。

2. 比率极差、四分位差

比率极差，是一组比率值中最大值与最小值之差，以R_a表示：

$$R_a = R_{a\,max} - R_{a\,min}$$

式中，R_a为比率极差，$R_{a\,max}$为最大比率，$R_{a\,min}$为最小比率。

极差又称全距，反映的是比率变量分布的变异范围和离散程度。在总体中，任何两个比率之差都不能超过比率极差。同时，它也能体现一组比率被动的范围。

极差只指明了被测定比率数据的最大离散范围，而未能利用全部比率值的信息，不能细致地反映各比率的彼此相一致或离散的程度。极差是总体标准偏差的有偏估计值，当乘以校正系数之后，可以作为总体标准偏差的无偏估计值，它的优点是计算简单，含义直观，运用方便，故在数据统计处理中仍有着相当广泛的应用。但是，它的大小仅仅取决于两个极端值的差异，不能反映其间的各比率分布情况，同时易受极端值的影响。

比率四分位差（Quartile Deviation），是一组比率数据经排序后，位于3/4位置上的比率与1/4位置上的比率之差，也成为内距或四分位距（Inter-quartile Range），用Q_D表示：

$$Q_D = Q_U - Q_L$$

式中，Q_D为四分位差，Q_U为3/4位置上的比率，Q_L为1/4位置上的比率。

比率四分位差反映了一组比率数据中间50%数据的离散程度。四分位差在统计上的作用类似于极差，但优于极差。四分位差越小，说明中间的数据越集中；数值越大，说明中间的数据越分散。四分位差不受离群值的影响。此外，由于比率中位数处于数列的中间位置，因此，四分位差的大小在一定程度上也说明了比率中位数对一组数据集中趋势的代表程度。

3. 比率平均绝对离差

比率平均绝对离差（Average Absolute Deviation，AAD，或Mean Absolute Deviation），简称比率平均离差，它衡量了每个比率数据和比率中位数之间的平均差异。该术语中的"绝对"表示的是绝对值，也就是说，差异的方向无关紧要，无论其是在估价水平集中趋势指标（比率中位数）之上还是之下，真正重要的是差异的程度和大小。

计算比率平均绝对离差，首先求出各比率值与比率中位数之间的差，然后对差值求绝对值，并将绝对值加总求和，最后用比率绝对值总和除以比率的个数即可。平均绝对离差的数学公式如下：

$$AAD = \frac{\sum |R_i - M_e|}{n}$$

式中，AAD 为平均绝对离差，R_i 为第 i 个房地产的比率值，M_e 为比率中位数，n 为样本中的比率数目。

4. 比率标准差

在统计研究中，标准差（Standard Deviation，SD）是一个衡量离散程度的主要指标。在满足若干假设的前提下，它可以成为一个衡量估价结果一致性的强大工具。

标准差的计算步骤如下：

（1）以此计算各比率与比率平均数的差值；

（2）依次求出上述差值的平方；

（3）对差值的平方求和；

（4）用差值平方和除以比率数目减1得到比率方差（Variance）；

（5）对比率方差开平方根得到比率标准差。

比率标准差的数学公式如下：

$$S = \sqrt{\frac{\sum (R_i + \bar{R})^2}{n-1}}$$

式中，S 为标准差，R_i 为第 i 个房地产的比率，$\bar{R}$ 为比率平均数，n 为样本中比率数据的数目。

需要注意的是，比率标准差是根据比率平均数计算得出的，而比率平均绝对离差和离散系数是根据比率中位数计算而来的；同时，标准差是以差值平方的形式而不是以绝对值的形式计算的。此外，在标准差的计算中，是用平方和除以$n-1$，而不是n，其目的是为了使计算的样本标准差成为总体标准差的一个无偏估计值，尽管上述调整在大样本中的作用可以忽略不急。

在数学上具有相同作用的取标准差的简化公式为：

$$S=\sqrt{\frac{\sum(R_i)^2-\frac{\left[\sum(R_i)\right]^2}{n}}{n-1}}$$

式中，$\left[\sum(R_i)\right]^2$为比率的平方和，$\left[\sum(R_i)\right]^2$为比率和的平方。

计算步骤如下：

（1）求出比率的平方和；

（2）对比率和求平方，然后除以样本数量n；

（3）用第一步的结果减去第二步的结果；

（4）用第三步结果除以$n-1$，得到方差；

（5）对第四步结果求平方根。

这个公式无须计算每个比率值同比率平均数的离差及其平方和，第四步和第五步与前面的公式相同。

5. 比率变异系数

正如离散系数对于平均绝对离差所作的计算一样，变异系数（Coefficient of Variation，COV）将标准差用一个百分比来表达。这样的好处在于能够使得组间估价水平的比较更为简便。变异系数的计算方法是用标准差(S)除以比率平均数($\bar{R}$)，即

$$COV=\frac{S}{\bar{R}}$$

变异系数的原理与标准差相似，但它是比率平均数的比值。

变异系数对估价结果一致性的检验能力取决于比例数据接近于正态分布的程度。如果该组比率数据属于正态分布，那么变异系数就是检验估价结果一致性的有力工具；否则，对于非正态分布的比率数据，应用较多的则是离散系数。在实际工作中，由于样本数据的正态性一般都难以达到标准，因此，各国一般都应用离散系数度量评估结果一致性情况。国际估价官协会发布的比率分析标准也是以离散系数为主要统计指标。

五、可靠性检验

在统计意义上，可靠性设计置信度，可以放在基于某个样本计算出的统计量里面（例如，样本比率中位数到底有多接近总体评估比率中位数）。对于评估师比较重要的基本检验就是置信区间。一个置信区间包括两个数值（上限和下限），括在一起就是一个样本的集中趋势测量区间；有一个特定的置信度用来计算上限和下限，用以反映总体集中趋势的真实测量。

现在基于计算机技术的新统计方法，如bootstrap（Efron and Tibshirani，1993），使得置信区间估计的发展可以用于任何感兴趣的统计量，包括估价水平与一致性检验。

可靠性检验考虑了取样过程中固有的误差，特别是在样本足够大和比率一致性相对较好的情况下，检验效果更佳。

可靠性检验表明是否有一个理想的置信度，这对于给定的估价水平却无法达到。当可靠性检验区间因为样本小或一致性差等原因变宽，这并不意味着评估师需要忍受不满足要求的集中趋势检验。在这种情况下就要求使用另外的数据进行分析或者采取其他行动，如重新评估，如果一致性差是主要原因的话。类似的修正可能包括重新评估、数据趋势分析、重新设定或校准评估模型。

六、垂直不公平

前面讨论的一致性检验是某个组别水平的或是随机的比率离散性，并不考虑每宗房地产的价值。另一种形式的不公平可能出现在低价值和高价值房地产之间的系统性差异，成为垂直不公平。当低价值房地产相对于高价值的房地产被高估，这种估价的结果就会被认为是累退的；当低价值的房地产相对于高价值的房地产被低估，这种估价就会被认为是累进的。最理想的情况是各种房地产的评估值都完全等于其市场价值，或都是其市场价值的某个水平，这时估价结果既不累退，也不累进。

在统计上，常用价格相关差（PRD）衡量估价结果的累退性或累进性。

$$PRD=\frac{\bar{R}}{\overline{A/S}}$$

式中，$\bar{R}$为比率平均数；$\overline{A/S}$为加权比率平均数。

价格相关差即用比率样本所有房地产的总评估值除以所有房地产的总售价。

未加权的比率平均数意味着赋予不同比率以相同的权重，而加权的比率平均数意味着根据其销售价格赋予不同的权重。通常情况下，如果PRD值大于1.00，则意味着高价值的房地产价值被低估，因为加权比率平均数小于未加权的比率平均数；如果PRD值小于1.00，则意味着高价值的房地产价值被高估，因为加权比率平均数大于未加权比率平均数。如果样本较小或者是加权比率平均数受少数极端销售价格值的严重影响，PRD就可能不是垂直不公平性检验的充分可靠指标。相对于评估价值或是销售价格的比率散点图是一个非常有用的诊断工具，数据呈现向下（上）的趋势表明存在系统性累退（累进），按照假设要求的数据代表性，高PRD值一般指高价值房地产被低估，如果数据不具有充分的代表性，极端销售价格值在计算PRD时需被剔除。同样，如果样本非常大，PRD可能会太不敏感以至于不能衡量一小部分数据中所存在的垂直不公平现象。

当检验证实存在垂直不公平，这类不公平应该通过重新评估或校正来消除；某些情况下，额外的分组也可以帮助解决问题。基于每层价值计算的检验水平不应该进行垂直不公平性比较，因为边界效应在最高或最低层中的影响非常显著。

在整体评估工作中，房地产分类或分区错误都可能导致PRD的累退性或累进性。在实际工作中，PRD只是度量估价结果一致性的一个预测性指标，而不能把它作为确切的判定累退性或累进性的充分证据。另外，在样本较小的时候，由于随机误差的作用，某些PRD值可能会出现在可接受的区域之外。

七、假设检验

无论比率分析的目的明确与否，都需要进行一个适合的假设检验。假设本质上是问题的一个尝试性答案，例如，住宅和商业房地产是否以同等市场价值被评估？检验是一个统计工具，用于确定某个问题的答案是否能在一个给定显著性水平下被拒绝。在这种情况下，如果检验得出结论是住宅和商业房地产并没有以同等市场价值水平被评估，就需要针对部分物业采取一些校正措施。

检验一般用来确定每组评估水平是否未能达到标准，每两组或更多组之间是否在评估水平上存在显著性差异，高价值房地产相对于低价值房地产是否以不同的市场价值水平被评估。较为适合的检验类型及检验统计量见表5-1。

表5-1 假设检验

原假设	非参数检验	参数检验
1.比率服从正态分布	Shapiro–Wilk W Test D'Agostino–Pearson K^2 Test Anderson–Darling A^2 Test Lilliefors Test	N/A
2.估价水平符合法定要求	Binomial Test	t检验
3.两组房地产以同等市场价值水平被评估	Mann–Whitney Test	t检验
4.三组或更多组房地产以同等市场价值水平被评估	Kruskal–Wallis Test	方差分析
5.低价值和高价值房地产以同等市场价值水平被评估	Spearman Rank Test	相关分析或回归分析
6.已售和未收房地产同等对待	Mann–Whitney Test	t检验

八、正态分布

很多统计方法假设样本数据服从一个钟形曲线，即正态（高斯）分布。如果分析样本并不服从正态分布，基于均值和标准差的质量控制与评价就会产生误解。作为分析的第一步，应该检查比率样本分布，以揭示数据分布性状，并发现一些不寻常特征。虽然比率分析样本并不完全服从正态分布，但绘图技术和数值检验均可用于全面的探索性数据分析。传统选择是二项分布检验、卡方检验和Lilliefors检验，更为新颖和强大的检验统计量是Shapiro–Wilk W、D'Agostino–Pearson K^2和Anderson–Darling A^2检验。

第三节　比率分析步骤

一般来说，比率分析包含以下7个步骤：

1. 明确开展比率分析的目的、范围；

2. 比率分析方案设计；

3. 对房地产进行分组或分类；

4. 市场数据收集与准备；

5. 评估数据与市场销售数据匹配；

6. 利用有关统计指标实施比率分析；

7. 评价及应用分析结果。

一、明确开展比率分析的目的、范围

在任何比率分析中，第一步需要给出实施比率分析的原因，这是最为关键的一步，即明确具体的比率分析目标、范围、内容、深度和所要求的灵活性。

对评估机构和评估人员而言，要根据工作需要，确定比率分析的目的是检验评估技术标准的准确性、评估结果的公平性及一致性，还是判定是否要实施重新评估。对争议处理机构而言，主要是通过比率分析判断争议案例的评估结果公平性情况，从而促进矛盾的解决。

二、方案设计

在涉及比率分析方案时，评估师必须提前考虑能够取得市场交易案例的数量，以及是否有可靠的数据来源。虽然无法保证所有的交易数据都绝对准确及其来源可靠，但为了在最大限度上提高检验结果的可靠性，一切合理的、符合成本效益的措施都可采取。因此，评估师应该考虑以下因素：比率分析中包括的物业的类别或组别；选择用于比率分析的物业具有的比较重要的法定、物理和经济方面的特征；可获得数据的数量与质量；用于检验的评估结果和销售数据的销售日期；可获得的资源，包括工作人员和专家的数量、计算机硬件和软件应用情况以及其他限制情况等。

三、房地产分组或分类

分组就是把所有物业按照比率分析的范围分成两个或更多的组别或类别。分组能够使得评估实施更为完全和详细，同时能够提高样本的代表性。具有特定评估水平的每类房地产可以组成一个组；其他房地产组别，像区域、楼龄和规模范围，也可以构成其他组别。

当比率分析的目的是评价评估质量时，分组的灵活性是非常必要的。通常的分组目标是区分评估水平太低的或者是缺乏评估一致性的区域和可能要求进行重新评估的物业类别。在这种情况下，不能仅限于根据一种特性进行分组。

分组可以帮助区分在不同组别之间评估水平的差异性。在一个很大的辖区内，住宅物业按照地理区域分组是合理的；而商业物业分组不仅要考虑区域，也要考虑物业划分的细类（如办公、零售、厂房或者是工业），这样会更为有效。

四、市场数据收集与准备

比率分析的可靠性在一定程度上依赖于反映市场价值的销售数据的质量。审核销售数据的基本原则是最优化样本大小，与此同时，还要剔除不能有效反映市场价值的数据，一个小于5个销售样本的比率分析其可靠性是非常差的，并且毫无用处。

由于开展比率分析需要比较一组或几组房地产的评估值与市场交易值的比率情况，因此要采集用于比率分析的房地产市场交易数据或个案评估数据。市场数据不能拿来即用，需要筛选、编辑，同时售价还应当根据房地产的交易情况、交易时间及个别因素的变化情况等进行必要的调整。此外，对参与比率分析的同一宗房地产，如果在给定的时间范围内发生多次交易，存在多个交易价格的，一般仅使用与评估时点最接近的交易价格。

五、数据匹配

用于比率分析的房地产物理和法定属性特征必须与销售时相同，这包括两个重要的步骤：第一，评估师必须查明房地产特征描述是否相互匹配，如果一宗房地产在估价日期和销售日期之间被分割，分割过的任何一宗房地产都不能用于比率分析；第二，评估师必须确定房地产权利性质是否发生变化，房地产在估价时点的用途和物理属性是否与销售时保持一致，如果在最近一次评估中房地产物理属性发生变化，在纳入比率分析之前必须作相应的调整；如果物业属性存在明显差异，这些案例就要剔除，不能用于比率分析。

当法定限制被用于评估方法时，评估结果可能会低于市场价值，在这种情况下，比率分析就不能提供有效的质量信息。法定限制一般应用于农地、补贴房屋、矿地和林地的评估中。

市场销售数据可能包括某类物业而不是比率分析所需的那一类型，而且所包括的次要类型物业即使调整后也不具有代表性。比如，一个含住宅主要是商业的房地产，这个案例可以用于商业类别的代表样本。这种情况下，比率的分子是包括住宅和商业两部分的合计评估价值。另一个例子，对空地做比率分析，比率的分子应该只反映土地的评估价值，如果居民在评估时点之后对房地产实施了改造或扩建等，必须在售价中将相应部分剔除或调整，否则会引起比率分析结果错误。

六、利用有关统计指标实施比率分析

在比率分析中每宗房地产计算出评估比率之后，针对整个辖区和每个组别的房地产要进行评估水平、一致性和可靠性检验，针对样本也可以进行数据探索性分析以揭示数据的特征。

如前所述，在利用比率分析作为工具对估价结果的准确性实施检验时，检验的内容包括估价水平、估价结果一致性。

通常来说，估价水平的检验指标有3个，分别为比率中位数、比率平均数、加权比率平均数。估价结果一致性检验指标有6个，分别为极差、四分位差、离散系数、标准差、变异系数、价格相关差（垂直公平性检验指标）。

七、评价及应用比率分析结果

设计合理的比率分析是分析评估质量、评估CAMA系统模型和建议改善策略的强大工具，同时也能发现评估系统的缺点。一个意外的分析结果可能意味着需要重新构建评估模型或者是重新评价评估所用数据。不过，比率分析的使用者应该认识到这一分析工具的内在局限性，如下所述：

1. 比率检验不能提供关于评估质量的完美评价，缺乏足够的销售数据或某个区域、某个类型物业的样本代表超额，都可能导致结果出现扭曲；

2. 比率分析的有效性要求已销售和未销售的房地产以相同的水平、相同的方式被评估，违反了这个条件就会严重影响比率分析的有效性；

3. 比率分析结果应用范围应与其设计的预期用途相一致；

4. 比率分析数据易受统计样本误差和其他实施过程误差的影响，但是这些限制并不会使得据此作出的决策无效。

如前面比率分析应用范围所述，不同主体或工作环节开展比率分析的目的可能不同，实际工作中，比率分析的结果对数据采集人员、评估人员、评估管理机构及争议处理机构都有帮助。一般来说，上述人员和机构也没有必要都开展比率分析，由评估人员或评估管理机构实施比率分析后，对发现的问题分类交由不同环节或担负不同职责的人员解决。

第四节　检验结果

比率分析的目的是检验整体评估技术标准的准确性、评估结果的公平性、一致性及可靠性。深圳市未登记私房市场交易案例数据通过调查获得，数据的收集及入库均遵循严格的质量、安全管理标准，最大限度地保证数据的准确性和可靠性，基本可以满足比率分析的要求。

评估工作用于检验的评估结果及进行比率分析的物业类别均为住宅，用于检验的评估结果的评估日期与市场成交案例的销售日期一致。

市场交易数据涉及的信息主要是房屋交易相关的数据，比如面积、单价、楼层、地址、户型、房屋性质、楼龄、交易时间等。经过严格的审核程序，剔除明显的异常价格数据，以及不能有效反映市场价值的数据，以确保比率分析的可靠性。

由于私房成交案例难以获取，我们选定多栋成套类私房，以网上售卖价为基准进行检验，选取样本数量为138栋。

按照评估行业标准，我们采用比率中位数（Median Ration）、价格相关差（PRD）、离散系数（COD）检验评估结果。行业要求三个统计量在标准范围（±10%）内才算合格。依据前述比率中位数的计算公式：

$$M_e = \begin{cases} R(\frac{n+1}{2}), & n为奇数 \\ \frac{1}{2}\left\{R(\frac{n}{2}) + R(\frac{n+1}{2})\right\}, & n为偶数 \end{cases}$$

计算得出评估值比率$M_{e1}=1$，评估结果符合标准。

依据前述价格相关差的计算公式：

$$PRD = \frac{\bar{R}}{\bar{A}/\bar{S}}$$

式中，$\bar{R}$为比率平均数；$\bar{A}/\bar{S}$为加权比率平均数。计算得出$\bar{R}=1.002517$，$\bar{A}=5990.18$，$\bar{S}=5975.85$，$PRD=1.00012$，评估结果符合标准。

离散系数的计算公式：

$$COD = \frac{AAD}{M_e} \times 100$$

式中，$AAD = \frac{\sum |R_i - M_e|}{n}$，$AAD$为平均绝对离差，$M_e$为比率中位数。

计算可得$AAD=0.01675$，$COD=1.675$，评估结果符合标准。

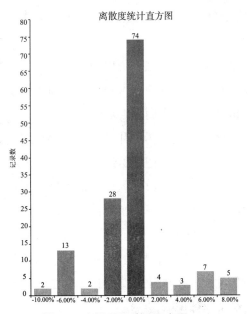

图5-1　离散系数统计直方图

图5-1为离散度统计直方图，从图中可以看出，评估价与市场交易价的偏差在-10%到8%之间，满足评估标准。

按照IAAO给出的相关程序与标准，我们对深圳市未登记私房试点片区的评估结果开展了比率分析检验。检验内容主要是评估结果的可靠性、估价水平、一致性和垂直公平性，对深圳市未登记私房整体评估工作给出了客观评价，对今后工作的进一步完善提高具有重要的指导意义。

为了进一步检验私房评估结果的准确程度，我们用未登记私房的评估结果和已登记私房的评估结果进行交叉对比验证。根据2002年9月11日深圳市宝安区人民政府发布的《深圳市宝安区处理历史遗留违法私房实施办法》中第九条的处理办法，违法私房确权根据总建筑面积不同，缴纳罚款金额从0到每平方米100元不等，缴纳地价从0到按现行地价的25%不等。根据2013年12月30日深圳市人民政府发布的《深圳市人民代表大会常务委员会关于农村城市化历史遗留违法建筑的处理决定》试点实施办法（"三规"）第三十四条，住宅类历史遗留违法建筑，按照规定处罚、补缴地价后，登记为非商品性质房地产，按照"一户一栋"原则及总建筑面积的不同，处罚金额从0到每平米200元不等，缴纳地价从0到按现行地价的25%不等。"三规"第三十九条指出，原村民符合"一户一栋"原则的住宅类历史遗留违法建筑在480平方米以内的部分，按照申请转为商品性质时的公告基准地价的10%补缴地价。

已登记私房是指深圳市住宅类历史遗留违法建筑符合"两规"或"三规"要求的，经过罚款或补缴地价可登记为非商品性质房产，部分符合条件的建筑补缴地价后可登记为商品性质房产。从以上规定可知住宅类违法私房从违法状态到确权需缴纳罚款补缴地价，部分住宅类私房从确权到转为商品性质需补缴地价。未登记私房绝大多数为违法私房，产权状态为未确权的违法状态。而检验对比数据为已登记私房，产权状态为已确权或具有商品性质，即经过缴纳罚款、补缴地价，与待检验数据有一定差异。为保证检验的准确性，我们取平均值，将待检验的未登记私房评估价格按照相关规定加上10%基准地价进行检验。表5-2为原宝安区各标准分区检验对比表，图5-2为价格差异直方图，从图中可以看出未登记私房评估结果比已登记私房评估结果整体偏低。

表5-2　原宝安区各标准分区结果检验表

标准分区	未登记私房平均价	已登记私房平均价	差异	标准分区	未登记私房平均价	已登记私房价格	差异
BA101–03	6,473	6,842	–5.39%	BA301–16	3,605	5,093	–29.22%
BA102–01	5,172	6,870	–24.72%	BA301–T1	3,949	–	–
BA102–02	5,499	5,981	–8.05%	BA301–T2	3,861	4,255	–9.26%
BA102–03	6,941	6,503	6.73%	BA301–T3	3,746	–	–
BA102–04	4,962	7,085	–29.97%	BA301–T4	3,836	4,849	–20.89%
BA103–01	4,622	5,313	–13.01%	BA302–01	3,914	4,480	–12.64%
BA103–02	4,175	4,939	–15.47%	BA302–02	5,617	4,296	30.75%
BA103–03	4,288	–	–	BA302–03	3,742	4,343	–13.84%
BA103–04	4,457	4,949	–9.95%	BA302–04	3,597	4,360	–17.50%
BA103–05	4,292	5,359	–19.92%	BA302–05	3,921	4,654	–15.75%
BA103–06	4,744	5,158	–8.03%	BA302–06	3,762	–	–
BA103–07	4,471	–	–	BA302–07	3,747	–	–
BA103–08	4,093	4,490	–8.83%	BA302–08	3,593	–	–
BA103–09	5,588	–	–	BA302–T1	3,632	4,197	–13.46%
BA103–10	4,691	5,241	–10.49%	BA302–T2	4,323	4,053	6.66%
BA103–11	4,248	5,126	–17.13%	BA302–T3	5,022	4,235	18.59%
BA103–12	4,907	5,944	–17.44%	BA303–01	4,210	5,076	–17.06%
BA103–13	6,086	5,385	13.02%	BA303–02	4,142	5,026	–17.58%
BA103–14	5,125	5,244	–2.27%	BA303–03	3,961	4,894	–19.07%
BA103–15	5,507	5,642	–2.39%	BA303–04	3,779	4,416	–14.43%
BA103–16	8,714	7,688	13.35%	BA303–05	4,185	5,088	–17.75%
BA103–17	5,011	–	–	BA303–06	4,107	4,738	–13.32%
BA103–18	5,963	6,152	–3.07%	BA303–07	3,920	4,591	–14.62%
BA103–19	6,893	6,088	13.22%	BA303–T1	4,387	4,565	–3.91%
BA103–20	6,182	6,029	2.54%	BA303–T2	3,796	4,473	–15.13%
BA103–T1	4,355	4,995	–12.82%	BA303–T3	3,813	–	–
BA103–T2	4,056	–	–	BA303–T4	3,714	4,313	–13.88%
BA103–T3	7,265	–	–	BA401–01	4,711	4,075	15.61%
BA103–T4	4,821	5,379	–10.38%	BA401–02	4,073	4,137	–1.55%
BA103–T5	5,684	6,080	–6.52%	BA401–03	4,145	4,388	–5.53%
BA201–01	4,699	4,867	–3.45%	BA401–04	4,138	5,637	–26.59%
BA201–02	5,850	4,984	17.37%	BA401–05	4,127	4,613	–10.54%
BA201–03	5,096	4,916	3.65%	BA401–06	4,363	4,870	–10.41%
BA201–04	6,585	4,894	34.54%	BA401–07	4,385	5,061	–13.36%
BA201–05	4,534	5,009	–9.49%	BA401–08	4,294	5,041	–14.82%
BA201–06	4,590	5,286	–13.16%	BA401–09	5,470	4,392	24.55%

标准分区	未登记私房平均价	已登记私房平均价	差异	标准分区	未登记私房平均价	已登记私房价格	差异
BA201-09	4,502	4,693	-4.06%	BA401-10	4,389	4,984	-11.94%
BA201-10	4,968	5,004	-0.73%	BA401-11	4,616	5,113	-9.72%
BA201-T1	5,785	4,963	16.56%	BA401-12	4,241	5,139	-17.46%
BA201-T2	4,290	4,615	-7.04%	BA401-13	4,348	5,012	-13.24%
BA202-01	4,578	4,660	-1.76%	BA401-14	4,429	4,651	-4.76%
BA202-02	4,593	4,631	-0.81%	BA401-15	4,168	–	–
BA202-03	4,177	4,683	-10.80%	BA401-16	4,139	4,546	-8.95%
BA202-04	4,976	5,212	-4.53%	BA401-17	4,313	4,536	-4.91%
BA202-05	5,187	5,392	-3.79%	BA401-18	4,390	4,515	-2.77%
BA202-06	5,292	5,313	-0.40%	BA401-19	4,355	4,464	-2.45%
BA202-07	4,796	4,677	2.54%	BA401-20	4,315	4,598	-6.15%
BA202-08	4,917	5,293	-7.11%	BA401-21	4,290	4,848	-11.51%
BA202-09	4,669	5,349	-12.71%	BA401-22	4,157	4,401	-5.54%
BA202-10	6,270	5,502	13.96%	BA401-T1	3,997	3,878	3.06%
BA202-11	4,601	4,990	-7.79%	BA401-T2	4,126	4,060	1.62%
BA202-12	4,211	4,626	-8.97%	BA401-T3	4,163	4,470	-6.86%
BA202-13	4,230	–	–	BA401-T4	3,934	4,253	-7.51%
BA202-T1	4,100	–	–	BA401-T5	4,083	4,384	-6.87%
BA202-T2	4,323	4,748	-8.95%	BA401-T6	4,109	–	–
BA202-T4	4,136	4,657	-11.18%	BA401-T7	4,089	4,511	-9.35%
BA203-01	4,102	5,604	-26.80%	BA402-01	5,686	6,803	-16.42%
BA203-02	4,275	4,456	-4.05%	BA402-02	4,507	5,521	-18.36%
BA203-03	6,062	4,999	21.27%	BA402-03	4,053	4,832	-16.12%
BA203-04	4,740	5,354	-11.47%	BA402-04	4,332	4,629	-6.41%
BA203-05	4,756	5,255	-9.49%	BA402-05	4,679	4,877	-4.05%
BA203-06	4,798	5,236	-8.36%	BA402-06	4,189	4,846	-13.56%
BA203-07	5,005	5,503	-9.04%	BA402-07	3,894	5,010	-22.27%
BA203-08	4,131	–	–	BA402-08	4,050	4,787	-15.39%
BA203-09	4,172	–	–	BA402-09	4,621	5,540	-16.58%
BA203-10	4,335	4,694	-7.65%	BA402-10	4,863	5,331	-8.77%
BA203-11	4,197	4,840	-13.29%	BA402-11	4,993	4,998	-0.09%
BA203-12	4,365	4,384	-0.42%	BA402-12	4,722	5,928	-20.35%
BA203-13	4,161	4,552	-8.58%	BA402-13	4,951	6,422	-22.91%
BA203-14	4,275	–	–	BA402-14	6,594	5,269	25.14%
BA203-T2	4,254	–	–	BA402-15	5,855	4,810	21.73%
BA203-T3	4,376	–	–	BA402-16	4,658	4,677	-0.40%
BA203-T4	4,016	4,119	-2.49%	BA402-17	4,768	6,147	-22.44%

标准分区	未登记私房平均价	已登记私房平均价	差异	标准分区	未登记私房平均价	已登记私房价格	差异
BA301-01	4,233	4,705	-10.04%	BA402-18	5,657	6,969	-18.82%
BA301-02	4,079	4,695	-13.12%	BA402-19	4,702	5,825	-19.28%
BA301-03	3,942	5,004	-21.21%	BA402-20	4,634	6,207	-25.35%
BA301-04	3,750	4,573	-18.01%	BA402-21	4,950	6,019	-17.76%
BA301-05	4,435	5,073	-12.58%	BA402-22	5,790	7,294	-20.62%
BA301-06	3,760	4,599	-18.25%	BA402-23	6,304	7,002	-9.96%
BA301-07	3,881	4,554	-14.78%	BA402-24	6,121	7,122	-14.05%
BA301-08	4,119	–	–	BA402-25	6,082	7,073	-14.02%
BA301-08-2	4,139	–	–	BA402-T1	4,075	–	–
BA301-09	3,877	–	–	LG102-04	4,446	–	–
BA301-10	3,940	4,661	-15.47%	LG102-06	4,414	–	–
BA301-11	3,756	4,473	-16.03%	LG102-08	4,438	–	–
BA301-12	3,793	4,329	-12.38%	LG102-12	6,726	–	–
BA301-13	3,895	4,551	-14.40%	LG103-T1	4,140	–	–
BA301-14	3,829	4,524	-15.36%	NS11-T1	3,705	–	–
BA301-15	3,734	–	–				

价格差异直方图

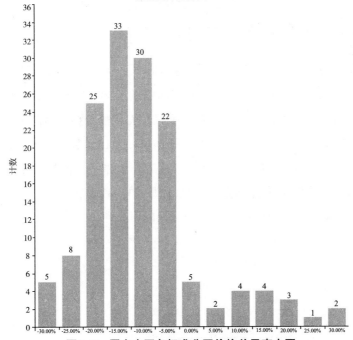

图5-2 原宝安区各标准分区价格差异直方图

表5-3　原宝安区各类型私房价格检验表

全体楼栋			
项目	价格	已登记私房平均价	差异
简单平均价	4198	5249	−20.02%
加权平均价	4684	5249	−10.76%
检验平均价	4841	5249	−7.77%

私人自建房			
项目	价格	已登记私房平均价	差异
简单平均价	4158	5249	−20.78%
加权平均价	4301	5249	−18.06%
检验平均价	4460	5249	−15.03%

多栋成套类私房			
项目	价格	已登记私房平均价	差异
简单平均价	6103	5249	16.27%
加权平均价	6330	5249	20.59%
检验平均价	6482	5249	23.50%

宿舍类私房			
项目	价格	已登记私房平均价	差异
简单平均价	4348	5249	−17.17%
加权平均价	4454	5249	−15.14%
检验平均价	4605	5249	−12.28%

表5-3为原宝安区各类型住宅私房价格检验表，其中简单平均价为价格简单加和平均。加权平均价为总价除以总面积的价格，考虑多栋成套类型的面积影响。检验平均价为各楼栋评估价加上10%基准地价后，按总价除以总面积计算的价格。从表中可以看出，全体楼栋的检验平均价差异为−7.77%，在国际估价官协会（IAAO）规定的20%范围之内，评估结果视为有效，这从另一个侧面检验了评估结果的可靠性。

第六章　应用实践

未登记私房是深圳市城市化进程中特有现象，也是我国城乡二元经济社会结构的产物。由于土地产权的二元属性，造成了城市化背景下未登记私房的大量衍生。与国外房地产市场相比，未登记私房是我国城市化进程中的特有现象。

改革开放三十多年间，未登记私房规模不断扩大，并与合法入市的土地和房地产相互并存，形成了中国独具特点的"城中村"现象。由于所处区域以及价格等因素的影响，未登记私房吸纳了大量的外来人口，在建筑外观、人口构成等方面与城市现有合法社区存在明显的差异。未登记私房的存在，在城市综合治理、社会治安等方面为政府部门提出了综合治理难题。

第一节　示范与推广

深圳快速的城市化进程导致了城市规模的不断扩大，城市用地急剧扩张，很多原有的郊区村落进入到城区范围，这种城区包围村落的现象在深圳尤其突出。全市建筑有一半为未登记私房，这在全国也很罕见。这一特殊现象使得深圳解决未登记私房问题的需求极为迫切，也使深圳具备了研究和治理未登记私房的良好条件。

开展未登记私房价格评估工作对深圳市乃至全国房地产计税征管工作都有着十分重要的影响和意义。这种意义不仅体现在评估实践和评估理论上，更体现在房地产税收体制改革上，以及征税手段和征税主客体的和谐相处上。深圳作为我国先锋城市之一，其在房地产市场化过程中所形成的未登记私房具有很强的典型性特征，未登记私房评估体系建立了一套完整的数据调查、数据管理和整体评估的操作流程,具有很强的实践指导价值,因而深圳市的未登记私房价格评估工作在全国也相应具有较强的可推广性和示范性意义。

同时可以看到,深圳市未登记私房体量庞大,有其特殊的历史背景,放眼全国很少有城市的私房情况与深圳相似。因此我们在探索未登记私房评估的过程中不断尝试,寻求一种快速评估大量房产的有效方法,同时保证评估结果的精度。整体评估法已在深圳市税基评估工作中得到广泛应用,将整体评估延伸到未登记私房的评估,是对评估对象很好的扩展。其他地方在进行私房评估时需根据私房的规模、数据的完备情况选择合适的方法。在进行批量评估时可借鉴整体评估的思想提高评估效率,在私房市场成交活跃的地区可选用整体估价法进行评估。深圳的私房评估实践证明整体估价法是快速且有效的。

第二节 完善监督管理

尽管未登记私房市场为外来人员提供低廉的安置之所,在一定程度上带动了城市就业机会,成为城市经济产业链中低端但不可缺少的一环。但是,由于缺少相应的公共服务与社会监管,以城中村为代表的未登记私房市场也成为各种社会问题的集中地:房屋密度过大带来的潜在火灾隐患;社区成员素质不高导致的治安形势严峻;商户游离监管等。低收入群体聚居的城中村,实际上已经成为城市中的"贫民窟",影响着城市形象与社会和谐。要实现科学发展,建设和谐社会,未登记私房问题就成为城市化进程中无法回避的重要问题之一。该问题的综合治理不仅能够破解当前土地资源紧缺的难题,推进土地的节约集约利用,同时对提高城市居民生态环境、打造现代化国际大都市营造和谐发展环境等有着极其重要的推动作用。更为重要的是,未登记私房问题的解决,是全国经济社会持续发展、改革城乡二元体制、协调区域发展以及重构相关主体的利益关系的关键所在。

因此,由于未登记私房在经济特征、社会管理、人口构成、市场结构等方面与深圳市商品房有明显差异,与城市经济社会"共生共荣"、互相影响，又相对独立，容易演变成为城市中的"孤岛"或者"贫民区"。同时和商品房相比，由于历史数据缺失、前期准备不足、专门监测机构初建等原因，深圳市对未登记私房的供需状况、租售交易、市场主体以及经济社会影响的监测和研究尚处于起步阶段，制约了深圳市规划土地监察工作和全市房地产管理的科学决策和实施。正是在此背景下，本书希望能在充分掌握未登记私房数据基础上，全面、深入探讨未登记私房的经济社会特征，为深圳市未登记私房的处理、监管、改造、更新，乃至全市整体规划、升级，奠定坚实的基础，为政府经济社会发展决策提供支持。

参考文献

［1］王卫城：《深圳"违法建筑"的产权分析》，《特区经济》2010年第3期。

［2］香港特别行政区政府屋宇署：《公共服务——违建工程》，http:// www.bd.gov.hk/sc/services/index_exist2.html#ubw．2012.7.19/2012.8.3。

［3］张学冬：《北京400余个在售楼盘"小产权"楼盘约占18%》。http://house.news.hexun.com/3130_2114657a.shtml．2010年11月26日。

［4］郑州市腾瑞房地产营销策划有限公司：《郑州市小产权房调研报告》，http://www.371sy.com/web/z1/newsInfo.aspx?eid=23294&infoId=8859&cid=1318．2007.11.2。

［5］厦门商报：《南京小产权房背后黑金交易 暴利超过商品房》。http://xm.focus.cn/news/2013-03-15/406798.html．2007年12月11日。

［6］新华日报：《国土部门：江苏从未承认小产权房合法性》，http://nj.house.sina.com.cn/3/2009-09-04/11110.html．2009年9月4日。

［7］程浩：《小产权房发展现状及其成因分析》，《经济与社会发展》2009年第2期。

［8］江奇：《"小产权房"购买行为研究》，华中科技大学，2011年。

［9］陈西婵：《城镇化、小产权房与房产税》，《中国房地产》2014年第2期。

［10］张立伟：《房产税不妨考虑从小产权房开始征收》，《21世纪经济报道》。http://www.p5w.net/news/xwpl/201311/t20131126_392776.htm.2013年11月26日。

［11］张志华、胡新宇、赵晓辉：《行政处罚中违法建设工程总造价认定问题的探讨》，《城市管理与科技》2011年第2期。

［12］张兆利、梁锦昌：《离婚时小产权房能分割吗》，《检察日报》，http://newspaper.jcrb.com/html/2014-08/02/content_165105.htm.

2014.8.2。

［13］蔡金辉：《论违法建筑上的民事权利》，华南理工大学，2013年。

［14］崔彩周：《"城中村"农民私人违章建筑拆除及其权益保护问题再探讨》，《特区经济》2006年第6期。

［15］徐敏：《城市房屋拆迁补偿研究》，华中科技大学，2008年。

［16］徐栋耀：《私房拆迁补偿中的成本法评估方式》，《上海房地》2011年第2期。

［17］段岩燕、郑艳、张彩艳：《房地产评估理论价格与市场价格差异分析》，《中国房地产》2009年。

［18］李静、谭大璐、王亚明等：《房地产三种评估价格的比较分析》，《建筑管理现代化》2005年第6期。

［19］刘洪玉：《计算机辅助批量评估：国际经验与我国的应用前景》，《中国房地产估价与经纪》2007年第6期。

［20］潘安敏：《遥感技术在城市房地产业中的应用》，《基建优化》1996年第2期。

［21］李晓非、孙晓天：《城中村、小产权房是解决我国城镇人口住房问题的有效出路》，《华北电力大学学报：社会科学版》2010年第5期。

［22］沈晖、陈瑶：《境外治理违法建筑的经验和启示》，《湖南大学学报：社会科学版》2012年。

［23］欧国良：《深圳市小产权房市场供需实证分析》，《中国房地产：学术版》2013年第12期。

［24］王卫城：《深圳"违法建筑"的产权分析》，《特区经济》2010年第3期。

［25］Committee TTS. Standard on Mass Appraisal of Real Property［R］. In: IAAO; 2011.

［26］Peterson S, Flanagan A B. Neural Network Hedonic Pricing Models in Mass Real Estate Appraisal. JOURNAL OF REAL ESTATE RESEARCH, 2009, 31(2):147–164.

［27］Isakson H. Using Multiple Regression Analysis in Real Estate

Appraisal. Appraisal Journal, 2001.

[28] Kang H, Reichert A K. An Empirical Analysis of Hedonic Regression and Grid-Adjustment Techniques in Real Estate Appraisal. Real Estate Economics, 1991, 19(1):70 - 91.

[29] Sun L, Zhu H. GIS-Based Spatial Decision Support System for Real Estate Appraisal. Computer Sciences and Convergence Information Technology, Iccit 09, Fourth International Conference on, 2009:1339 - 1344.

责任编辑:高晓璐
封面设计:王欢欢

图书在版编目(CIP)数据

未登记私房整体评估探索与实践:以深圳市为例/唐琳 等著. —北京:
　人民出版社,2016.10
　(房地产评估与发展系列丛书)
　ISBN 978－7－01－016859－3

Ⅰ.①未…　 Ⅱ.①唐…　 Ⅲ.①房地产评估-研究-深圳　 Ⅳ.①F299.233.32

中国版本图书馆 CIP 数据核字(2016)第 252744 号

未登记私房整体评估探索与实践
WEIDENGJI SIFANG ZHENGTI PINGGU TANSUO YU SHIJIAN
——以深圳市为例

唐　琳　吴桂敏　周　亮　何耀彬　章芳林　著

人 民 出 版 社 出版发行
(100706　北京市东城区隆福寺街 99 号)

北京龙之冉印务有限公司印刷　新华书店经销

2016 年 10 月第 1 版　2016 年 10 月北京第 1 次印刷
开本:710 毫米×1000 毫米 1/16　印张:13
字数:228 千字

ISBN 978－7－01－016859－3　定价:39.00 元

邮购地址 100706　北京市东城区隆福寺街 99 号
人民东方图书销售中心　 电话 (010)65250042　 65289539